幕末英国外交官
アーネスト・サトウの秘書

野口富蔵伝

國米重行

まえがき

会津藩士野口富蔵、といっても知る人は少ない。

幕末、戊辰戦争に敗れた会津藩ではあったが、明治新国家の建設に寄与して名を遺した人物も多い。周知のように幼時アメリカに留学して帰国後鹿鳴館の華と謳われ外交界で活躍した大山（山川）捨松、東京帝大総長などを歴任した物理学者山川健次郎、陸軍少将で東京高師、女子高師の校長を勤めた山川大蔵（浩）の兄弟、京都府顧問として地域振興につとめた山本覚馬、夫新島襄とともに同志社を興した覚馬の妹八重、陸軍大将柴五郎などである。

野口富蔵にはそうした華々しい経歴はない。英国留学後帰国して地道に官吏の道を歩み、兵庫県奉職を最後に病いのため四十二歳の若さで世を去った。しかしさまざまな人々がそれぞれの立場から富蔵の実像を求めてきた。それは富蔵が会津藩出身の武士でありながら、幕末の英国外交官アーネスト・サトウの信頼厚い従者として、サトウの著作『一外交官の見た明治維新（上・下）』（岩波文庫）にその記録があったからである。幕末から明治維新にかけて会津は朝敵とされ薩長中心の官軍と戦った。イギリスは政策上薩長側であり、そうすると富蔵の立場はどうなるのか、しかも上記サトウの著作のなかで頻繁に名が出てくるにも拘わらず、留学後富蔵の名は公けから忽然と消えてしまう。新しい近代国家がつくられる激動の時代だけに彼の動向は興味と探究の対象となり、そのうち幾人かの研究者の努力によって日本の近代化に貢献した富蔵の史資料が発見されるようになった。

平成十二年、それまでの資料をもとに旧著『アーネスト・サトウと野口富蔵』を私家版として少部数刊行した。私にとって野口富蔵は曽祖父であり、多くの子孫がありながら野口の姓を継ぐものがなく、富蔵の事績を識り、伝えるものがいなくなることをおそれたためである。また富蔵ゆかりの各地図書館へ寄贈することで新たな史料発見につながるのではないかという期待もあった。その効果があって京都府奉職時代のはたらきを垣間見ることができるようになった。また旧著では調査不足や若干舌足らずな点もあったが、このたび訂正補筆させていただいた。

いずれにしても本著は多くの探究者の努力の結集によってできたものである。本文のなかでその都度紹介させていただくが、引用をお許し下さったその方々に心から感謝申し上げる。

平成二十五年　四月

目次

幕末英国外交官
アーネスト・サトウの秘書

野口富蔵伝

一、出　航

明治二年一月十二日（一八六九年二月二十四日）。横浜港。

ペニンスラ・アンド・オリエンタル汽船のオッタワ号は黒々と煙を吐き出しはじめた。煙はこの季節としてはめずらしく穏やかな北風に乗ってゆるやかに流されてゆく。八一四トンのこの船は、前年開港したばかりの兵庫港に寄港し横浜に到着、これから香港に向かう。行く手には黒潮の流れ、波濤渦巻く東シナ海、さらにイギリスにむかうには香港で高速のクリッパー船に乗り換えてのインド洋航海、スエズ地峡徒歩横断、地中海航路、マルセイユを経、そしてはるかな目的地ロンドンが待っている。これは文久元年の竹内保徳らの第一回遣欧州使節団が辿ったのと同じルートである。

出航のときのいつもの風景があった。せわしなく動きまわる船員たち、ドラのひびき、重い錨の巻き上げられる音が出航の時間が迫っていることを慌ただしく知らせる。一艚の艀のうえでイギリス人の楽隊が演奏する「ホーム・スィートホーム」が静かな海の上に流れた。帰国するパークス公使夫人に敬意を表するためである。贈られた花束を振って応えるパークス夫人のかたわらに、賜暇休暇でやはり帰英する公使館書記官アーネスト・サトウと英国留学に向かう野口富蔵がいた。

「私は両眼に涙のにじみ出るのを感じた。それは、大好きな音楽を聞くときに常にわきおこる感情のためだったか、あるいは六年半もきわめて幸福にすごした国を立ち去るときの愛惜の気持からであったか、何とも言いようのないものだった。私は、忠実な会津の侍の野口富蔵を同伴したのである」(『一外交官の見た明治維新』下二五五頁・アーネスト・サトウ著・岩波文庫、以下引用は『外交官』と略す)。

サトウの船室には、彼自身が蒐集した書画のほかに、岩倉具視、島津忠義、大久保利通、吉井幸輔、鮫島尚信、勝海舟、護衛たちからの贈り物、そして外務郷東久世通禧がサトウの功績をたたえて贈った蒔絵の箪笥と感状があった。「御在職中我國語をも活発ニ御使用ニ而、我國のため不一ト方御勤労は聴聞ニも相達候義ニ而」(『アーネスト・サトウ伝』B・M・アレン著、庄田元男訳。東洋文庫・平凡社)。

後年サトウは友人への手紙のなかで述懐しているが「一八六二年から一八六九年までは私の人生の中でももっとも興趣あふれる時期であった。当時、私はまさに活気横溢していた」(『アーネスト・サトウ伝』)。たしかに、明治維新という国のかたちが大きく変わろうとする歴史的転換期の現場に立ち、しかも変動する局面で直接にテコを動かす役目を果たしたサトウは幸運だっただろう。

私の曾祖父、野口富蔵(幼名彦二郎、名を成光という)が歴史上はじめて姿をあらわすのはサトウのこの書物(昭和三十五年十月初版)においてであった。私の記憶では祖母野口うたにこの書物の存在を報せたのは野口の本家だったと思う。私がいま所有するのは母が購入したものである。

それまで私たちが富蔵についてまったく無知であったというわけではなく、祖母や母、叔母を通じてアーネスト・サトウと昵懇であったことや富蔵が英国留学中に岩倉使節団の通訳をしたこと、帰国後京都で西陣織に関わり、兵庫県に奉職したあとも外国人を京都に案内していたことなどをごく断片的に知っていた。それは主として富蔵の妻くらの記憶によるが、その記憶は富蔵の長男成美の妻うたに、さらにその娘たち――私の亡母國米恵美や叔母尾崎和子、同向田静子につたえられている。くらは大正十四年死去（享年七十二）。うたは明治三十七年頃成美と結婚、くらとともに暮らしたのは約二十一年間だが舅富蔵を識らない。大正三年成美（享年三十八）と死別後も姑くらや四人の娘たちとともに生活した。昭和四十一年永眠（享年八十一）。長女、次女（國米恵美）、三女は既にない。私は二才から十二才まで祖母うたの家で夫と死別して実家にかえった母とともに過ごした。私の野口家でのかすかな記憶は、西郷吉之助の大判の名刺であったり、富蔵がイギリスから持ち帰った投光式の覗き箱、備前長船兼重の銘のある大刀と無銘の小刀、山岡鉄舟の十数枚の書などであった。このうち向田家に預けられた鉄舟の書を除いてすべて昭和二十年の神戸大空襲で焼失した。

しかしその間に聞いた話というのは私自身幼く、またそれほど興味をもっていたのではないから、記憶としてはどうしても曖昧なものになっている。またそれだけでは富蔵を知っているとは言えない。むしろ祖母たちを含めて、この『外交官』によってはじめて明治維新頃の富蔵の姿を知ったということになろう。昭和十年代に本家から贈られてきたと記憶する『野口家由来』（以下引用は『由来』と略すが、正確には『野口家親族便覧』のうちの一章・巻末参照）にしても、なぜか伝聞的な記述や不確かな点が多いと思うのだが、野口家の女たちにとってはそれを確かめる必要もなかったのであろう。

子孫である私たちが「怠けている」うちに、『外交官』の随所に富蔵の名があったことから会津史談会の故宮崎十三八氏・武藤清一氏が、さらに英国ロッチデール公正先駆者組合（現Toad Lane Museum）における富蔵の署名発見から福岡県購買連の松崎文夫氏、全農組合図書資料センターの古桑実氏、兵庫県生協連の平松泰典氏の諸氏がそれぞれ独自の立場から論究され、その会津藩士としての特異な存在が明らかにされるようになった。平成のはじめごろである。

とくに平松氏が兵庫県庁で閲覧され、メモに残された富蔵の履歴書は、留学から帰国後の略歴を窺い知ることができる貴重な資料である。ただ残念なことに氏は途中でメモを中止されている。コピーや写真はもちろん全文の書写も不可といわれ、履歴書をとり上げられたそうである。私は氏からそのメモを頂戴し、早速兵庫県庁に出掛けて資料の開示を求めたが、どういうわけか所在不明だといわれる。しかしそのメモのなかの「京都府任官」がヒントになって京都府立総合資料館所蔵の『京都府史第二編別部・官員履歴・判任官履歴書２五等属』（以下引用は『履歴書』と略す）のなかから富蔵の履歴書を発見することができた。もっともこれは明治十年京都府任官までの履歴書でしかなく、富蔵の京都府庁と兵庫県庁での働きを知ることはできない。前者を補完するのは平松メモである。

その他富蔵自身の遺した書類や知己からの書簡類は、私が野口家にいた頃でも目にしたことはなかった。あるいは昭和二十年の神戸大空襲で焼失したのかも知れない。

ところが平成十一年ごろ、日本英学史学会会員で京都維新を語る会顧問の市居浩一氏がその研究論文のなかで、『復古記』や『木戸孝允日記』のなかに富蔵の名があることを紹介され、また氏との面談で『吉田清成文書』中に富蔵の書簡があることを教示された。

こうした諸氏の研究成果と現在あるだけの資料で曾祖父富蔵の足跡をたどってみよう。

さて、出航についてである。

『履歴書』の最初の一行には

「明治元年戊辰十二月本日未詳　一、欧州行願之上英国留学罷在候」

とあるが、書かれたのは後年、おそらく富蔵が京都府任官のころで日付については明らかに富蔵の記憶違いであろう。あるいは明治六年の太陽暦切り替えを念頭においた大まかな計算によるものだろうか。『外交官』ではサトウの賜暇帰国は明治二年一月十四日（新暦二月二十四日）横浜発となっており、松崎氏が外務省外交資料館で発見された『航海人明細鑑』でも「人名・富蔵。籍・横浜本町二丁目、四月五日居、藤蔵親類。事故・英国士官サトウ被雇。年月・己巳正月十二日、年令二十八才。免状渡港名・神奈川」とされ、明治二年の記録であることが明らかである。「藤蔵親類」についてはよくわからないが、妻くらの親類であったのか、まったく書類手続き上の「仮」の親類であったのだろう。なお四月五日は明治元年のことである。

航海中の記録はない。さきに私は勝手に西まわり航路を想定したが、当時神戸で発行されていた英字新聞ジャパン・クロニクルによると、ヨーロッパ行きは太平洋航路―アメリカ大陸横断（鉄道）―大西洋航路が普通のようだ。もっともアメリカ横断鉄道の開通は明治二年五月であり、それまではサンフランシスコを経て船でパナマに至り、地峡を横断後ふたたび船でニューヨークへ寄港、それから大西洋航路をとることになっていた。いずれにしても長く退屈な旅であることに間違いない。しかしふたりにとっては、とくに富蔵にとっては豊かな貴重な時間であったと思われる。

慶応元年秋から明治二年はじめまでの三年余、富蔵はサトウと起居をともにしているが、『外交官』にみられるように通訳、書記官時代を通じてサトウの業務は多忙を極めていた。しかもその多忙な時間の合間を縫って幾つかの著述や論文を発表している。たとえば『日本語の書体の種々の様式』（一八六五年）、『日本遣欧使節の日記の英訳』（同）、ジャパン・タイムスに寄稿の諸論文（同）などである。さらに再来日後もサトウの興味は多方面にわたり、同時代史のみならずその研究論文や著作は、たとえば日本神話や古来の祭式から『絵本太閤記』などの歴史、神道、キリシタン関係などの宗教、地理などに及んでいる。もちろん個人的な興味だけではなく、外交官としてその国のすべて、国民のすべてについての知識を蓄えておこうと努力したからであろう。そして来日九ケ月で幕府の公文書を翻訳し、また候文が書けるほどに達者な日本語。サトウはまことに秀れた外交官であって、この資質が短気で恫喝外交を得意とするパークス公使のもとで、幕末のイギリス外交をして、イニシャティブをとらせるにいたったのであろう。

ついでに彼の親友A・B・ミットフォード書記官とロコック書記官のサトウ評をみてみよう。「豊富な日本語の知識と機知に恵まれ、飾り気のない正直な性格」、「利口で冒険心に富み時代感覚に鋭敏」。他方サトウは富蔵を「あくまで正直で誠実な男であった」「私の忠実な会津の侍」（『外交官』）と評する。業務から開放された海の上でのゆったりとした時間のなかで、富蔵はこのすぐれた資質をもった人格からイギリスの国や文化はもちろん多くのものを学んだことだろう。

なおサトウの日本語や歴史に関する知識、関心は彼が蒐集した明治以前の古書の膨大な量にあらわれている。いまそのコレクションは、英国図書館や、ケンブリッジ大学図書館に多く架蔵されている(同大学図書館日本語部長小山騰氏からの手紙・旧拙著もそこに収蔵されている)。

二、会　津

『履歴書』の書出しには「青森県士族　野口富蔵　弘化二年九月生」とある。

戊辰戦争で会津鶴ヶ城は開城し、会津藩は崩壊したが一年後の明治二年十一月、容保の子容大によって松平家は存続を許され、陸奥斗南に封地を与えられた。明治四年七月の廃藩置県で斗南藩は青森県に吸収されている。富蔵の出身地が青森県になっているのは以上の事情によると思われる。

しかし履歴書に「青森県士族」とするとき富蔵は複雑な心境であっただろう。生まれ育ったのはあくまでも二百六十年にわたって伝統のある会津の地であり藩であり、斗南藩士であったことは一度もないからだ。このあたりに富蔵の会津藩に対する帰属意識についての疑問が生ずる。たとえ幕末会津が賊軍の立場にあったとしても、のち他の多くの藩士たちは堂々と会津藩あるいは斗南藩出身を名乗っているのである。富蔵と会津藩との関係はどうなっていたのだろうか。

つぎに生年月日の問題がある。京都府庁の履歴書では「弘化二年生」とあり、兵庫県庁の履歴書をもとにした「平松メモ」では「弘化二年九月二十八日生」（註・一八四五年）と日付がある。しかし『由来』では「生年月日は不詳ですが」としながら、明治十六年（一八八三）四月十一日行年四十二才で死去の記述があり、富蔵墓碑の死没年月日と一致している（ただし墓碑には行年の数字はない）。ここから逆算した生年は天保十二年（一八四一）になる。当時いくら届出制度がゆるやかであっても四年の差は大きすぎる。また『航海人明細鑑』でも明治二年（一八六九）当時「年令二十八」であり、逆算すると『由来』が正しい。

一方、『外交官』によると「十九才のとき藩を出て、箱館のイギリス領事ヴァイス氏に英語を学び」とあるが、ハワード・ヴァイス大尉が生麦事件の際の過激な言動のため横浜領事から左遷されて箱館に赴任したのは文久二年（一八六二）十一月であり、ここからの逆算では生年は弘化二年になる。ただしこれについては「藩を出て、のち」と解することもできないこともなく、いずれにしても曖昧な記述である。

では何故履歴書が違っているのかという疑問が生れるが、これは後述するように、履歴書のなかで年令を四才くり下げねばならない切実な理由があったからであり、以後、公的には「弘化二年生」で通している。

天保十二年生まれが正しければ、富蔵が会津を離れたのは安政六年（一八五九）、満十八才のときである。

この年五月、幕府は前年の修好通商条約にもとづいて神奈川（横浜）・長崎・箱館を開港し、七月一日から貿易がはじまった。広東領事ラザフォード・オールコックが初代駐日英国総領事（のち公使に昇任）として赴任してきたのは六月二十八日である。九月には会津・仙台・秋田・庄内・盛岡・弘前の六藩に蝦夷地は分与され、会津藩は千名の藩士をおくり、本営をニシベツにおき、シャリ、モンベツ、箱館に分営をおいた。この目的は北辺の守備と開拓であった。こういう場合若い二、三男の藩士を派遣するのが順当なところだろう。富蔵の最初の「機会」はこのときであったのだろうか。

しかしこの時点での疑問は富蔵の身分であって、「藩を出て」というのはただ会津の地を出て、という意味なのか、それともこうした動きとは別に自分の意志で藩籍を離れ、最初から英語習得をめざしていたのだろうか。また、この国内遊学は藩命（藩費）によるものか。藩費による場合は「藩校での成績、教官による学力と人物の保証を前提」とし、私費であっても「藩からの一時離脱であって基本的には藩の拘束を免れえないのであり、当然藩主の許可がなければならない」（『近代日本の海外留学史』石附実著。以下引用は石附『海外留学史』と略す）。それを証明する資料が会津にあるのだろうか。当時、脱藩すなわち家臣が自分の意志で主君を見限ることは重罪であった。富蔵の場合、明治二年時点の「サトウ被雇」は会津藩崩壊後だから問題なしとしても、箱館に赴いた時点、またサトウについた慶応二年での藩との関係はどうだったのか。これについては幕末の藩の動きのなかでみてゆくことにしょう。

富蔵は箱館に六年いた。その前半、ヴァイス領事が赴任してくるまでの約三年間、富蔵は藩命にしたがって任務についたと考えることはできないだろうか。勝手な推測だが、その箱館で富蔵の見聞きした貿易の実態から英語習得への熱い志望が生れてきたのであろう。そして何かのキッカケで領事館に関係をもつことができたにしても、当初は領事館の雑用係をしていた可能性があり、そのうちに館員との互いの語学修得の機会があったと想像される。そして英国留学の夢はこの頃から少しづつふくらんでいったのだろうか。

開港当時の貿易量の状況は、横浜、長崎、箱館の順で、ことに箱館はふるわなかった。慶応元年まで日本は連続出超であったが、輸出の中心は生糸、茶、銅器、海産物などであり、このうち箱館は海産物ぐらいのもので、それも俵物の干し鮑は清国向けとして長崎におくられ、外国商人への売渡しは禁止されていた。この措置は各国から条約違反として「脅迫的な」抗議が幕府に対してなされている。貿易現場もはじめて外国人と商いをする日本商人に対して、相手は資本主義列強の経験豊富で、したたかな貿易商人であり、主導権は彼らにあった。山師的な悪徳商人も多く、クレームをつけ値下げして引き取るなどの収奪的な商いもあった。ことに言葉の問題があった。中国人を介しての、また漢字・漢文をとおしての取り引きだったからである。

貿易相手としての最大国は世界の工場といわれた資本主義の最先進国イギリスで八〇％を占め、アメリカ、オランダ、フランスがこれに続いた。

『由来』には「年十九才、当時ノ状況ヲ察シ外国語ノ必要ナルヲ悟リ」とあるが、富蔵が英語習得を目指した背景にはこうした「当時ノ状況」があったと思われるし、また領事館員をとおして知った欧米文明への憧れもその動機のひとつであっただろう。

ついでながら幕府老中阿部正弘が「語学を修め、それによって外交軍事の調査を行う機関」として洋学所（翌年、蛮書調所に改称）を設けたのは安政二年であった。ペリー来航以来、外交交渉に英語の知識は不可欠であったが、初期には幕府の英語は実用にほどとおい状況であり、当時日本人唯一つの外国語知識であるオランダ語を介してのもどかしい二重通訳が必要だった。そのオランダ語も長い鎖国下にあっておもに医学、科学分野のそれであり、外交交渉や文書としては万全ではなかった。阿部正弘はこの洋学所に全国の優秀な頭脳を結集し幕府の諮問機関とする意向をもっていたが、その構成は下級武士であり、各藩の陪臣であり、彼らにとっては封建制下での立身出世の機会となる就職先であった（『維新と科学』武田楠雄・岩波新書による）。

富蔵が洋学所入りほどの優秀な頭脳はもっていなかったにしても、英語習得によって地位収入と名誉を得ようと思ったとすれば、それはこの時代に青春を生きた若者としての「先をみる」特権の行使であって非難するにあたらない。

当時の会津藩の環境から富蔵の英語習得を藩命によるとする根拠はないが、仮に藩命と考えてみたらどうだろう。慶応三年九月、富蔵はサトウにしたがって土佐におもむいているが、そのとき後藤象二郎は「野口のことを、全く政府のスパイだといった」（『外交官』下五九頁）。領事館に身をおきながら会津藩（幕府）に収集した諸藩の情報をおくる、後藤はその意味で言ったと思われるが『外交官』をとおして富蔵にその気配はなく、また後述するようにそのための有利な地位にあったとも考えられない。さらに、もしそうであれば最初から横浜を目指していただろう。

フルベッキ、ブラウン、リギンスなどの米国宣教師に学ぶ英語習得は万延元年からさかんになったが、当時長崎、江戸とならんで箱館がひろく英語習得の場であったことは間違いない。長州の山尾庸三は文久元年、同じく野村弥吉（井上勝）は同二年、英学修業のため箱館に渡っている。山尾の直接の動機は海軍術の研修であった。野村の場合は武田斐三郎の塾に入って約一年半英語を学んでいる。また、のち同志社をおこした新島襄もこの塾で元治元年、半年間英語を学び、日本の近代化をねがう愛国心から箱館英国商館につとめる日本人の手引きによって米艦で密出国している。武田はもと大州藩士、緒方洪庵塾で蘭学を、江戸の伊東玄朴について英、仏学を修め、また当時の西洋技術研究の第一人者であった佐久間象山にも学んだ。安政元年松前に赴き、同三年箱館奉行支配諸術調所教授、同所での修業に身分差別を撤廃して教育の機会均等を図った。日本初の西洋式要塞箱館五陵郭を設計した技術者でもあった。明治になって陸軍士官学校長を勤めたことがある（石附『海外留学史』参照）。

富蔵の英語習得を考える場合、そして後述するように英国留学における紡織技術習得目標を想定するとき、この環境条件もヴァイスにつく以前のひとつの可能性として考慮すべきかも知れない。

四方を山に囲まれた会津はしっとりとした城下町である。

会津鶴ヶ城を西に仰ぎみる天寧寺町の野口家は、二百五十石の家禄を得て藩祖保科侯以来静かでおだやかなたたずまいのうちにあり、美しい盆地にとけこんでいる。やわらかい稜線が形づくる磐梯山、春のせせらぎの無数の小さなきらめき、霞のなかに沈む家並み、そのうえに美しい白壁を浮かびあがらせる会津鶴ヶ城、のんびりとしたもの売りの声――永遠につづくようにみえる平和な風景。しかし富蔵はその何事もありそうにない平和な風景に閉じこめられて全身がとかされてゆくような怖れを、そしてぼんやりとしたいらだたしさを募らせていたことだろう。兄九郎大夫成元は健康であり、家督を継ぐことのない次男であったこともその理由のひとつかも知れない。この平和ではあっても息苦しく狭い天地で他家に養子にはいり平凡な一藩士として生涯をおくるしかない運命、あるいは部屋住みのままの一生。いやそれよりも、くっきりと濃い色や姿をあらわす澄明な光のなかに暗い陰があるように、平和のなかに封建社会の桎梏を本能的に感じていたのかも知れない。

『野口家譜』によると初代野口九郎右衛門成重ははじめ加藤嘉明、同明成に仕え俸禄二百石、宝永二十年（一六四三年）加藤家改易後浪人、翌正保元年入部した保科正之公に見いだされて合力米八人扶持で仕える。しかし同二年加藤家と同じ二百石を賜り御城御番を勤めることになった。これには加藤家時代の親友萱野権兵衛の推薦があったという。以後代々約二〇〇年間にわたって松平家に仕え幕末、八代九郎太夫成元に至る。富蔵の兄である。元治元年京都勤番を命じられ、蛤御門の戦いで砲術係りとして奮戦して五十石加増、計三百石をいただく。初代から八代にいたるまで、各代の働きは「家譜」に詳しいが、その忠節の歴史もサトウが賞賛する会津武士富蔵を形成する大きな要素だったと思われる。

幕藩制という固定化したヒエラルヒーのなかで、武士はその組織の一員であることだけで生活できたから自主的な道を選ぶことはほとんどなかった。富蔵の多感な青春の血が反抗しこのような環境から自分の体をひきはがしたかった、といってよいのだろうか。

ついでながら「幕末政争渦中における雄藩化の決定的条件は、進歩的な下級藩士が上層藩士との抗争により門閥打破・藩業の殖産興業の振興・西欧近代科学技術の摂取・近代兵制の採用等の一連の政策を通じて藩政へ進出し、封建制の頭部を侵蝕すると同時に、中央政界へ登場し得る有為な人材育成が可能であり得た点であった」(『近代日本海外留学生史・上』渡辺實著、以下引用は渡辺『海外留学生史』と略す)とされるが、藩内抗争という条件はともかく教育水準の高い会津藩は積極的に国内遊学を奨励し人材を育成しようとしたのであろうか。

安政六年六月といえば、城下北のはずれにある法華寺(現存せず)で野口家七代成義の一回忌法要が営まれていた筈である。法華寺は野口家の菩提寺である。成義は山鹿流軍学師範として出仕していたが弘化四年、房総常詰物頭として上総国竹岡陣屋詰めを命ぜられたことがある。死去したのは安政五年六月二十六日、江戸においてであった。第八代九郎大夫を継いだのは富蔵の二才上の兄成元である。のち成元は元治元年(一八六四)五月、軍事総裁職から京都守護職に復任した藩主松平容保の外様組付として上洛、七月蛤御門の戦いで砲術係りとして奮戦した。その後戊辰戦争では佐川官兵衛隊に属して長岡、新発田を転戦、負傷して帰国、会津鶴ヶ城籠城戦に参加している。弟留三郎（逸造・弘化元年生）は明治元年五月彰義隊に加わり上野で戦死した。『由来』は留三郎について「後ニ生存者談ニヨレバ、最後西軍ノ面前ニ於テ割腹シテ果ツトイウ」と述べている。

富蔵が箱館行きを決意したのは、あるいは命ぜられたのはこのときだったのだろうか。そして兄弟三人そろって顔をあわせたのはこのときが最後ではなかっただろうか。家父長制度の強いこの時代にもかかわらず、本家（成元）での富蔵に関する情報の少なさに、あるいは曖昧さにそう思わざるを得ないのである。

三、アーネスト・サトウ

サトウ（Sir Ernest Mason Satow）が生れたのは天保十四年（一八四三）だから富蔵より二才年下である。父親はスゥエーデン人の商人だったが、幼少のころスゥエーデン↓ドイツ↓フランス↓ロシアと国籍と住所を転々とし、最後はロンドンに定住、イギリス女性マーガレット・マソンと結婚した。アーネストはその四番目の男子だった。彼の未知の世界への憧れ、外交官への夢は、この父親の生活に影響されるところが大きいといわれる。

サトウは文久二年九月八日、イギリス外務省通訳生として赴任し、三年後の慶応元年四月横浜領事館付通訳官に任命された。富蔵との出会いはこの年の秋である。

「野口というのは、会津の若い侍で、英語を学ぶために郷里を出て、初め箱館のイギリス領事ヴァイスについたが、一八六五年（慶応元年・筆者註）秋、その勉強をつづけるために私と同居するようになったのだ」（『外交官』上二一頁）。

富蔵が箱館を離れた事情はよくわからない。さきにみたように低迷する現地の貿易状況では接触する外国人の数も少なく、新しい文化文明に触れる機会にも恵まれなかったためだろうか。あるいはその年の年末に発覚する箱館領事館がらみのアイヌ墳墓発掘事件を垣間見て嫌気がさしたのかもしれない。理由はともかくサトウとの出会いによって富蔵の将来は大きく変わろうとしていた。

サトウは「たたきあげ」の冷徹な実務家パークスとは違って、ロンドンのユニバーシティ・カレッジを卒業して十八才で通訳生試験に合格した

Sir Ernest.M.Satow
"A DIPLOMAT IN JAPAN"から

とき既に日本行きの夢を育んでいた。それはローレンス・オリファント（初期の江戸駐在公使館書記官、のち下院議員）の『お伽の國』を読んで日本に魅せられていたからである。サトウは来日以来六年半、攘夷と開国で混乱する日本の各地を駆けめぐった。難しい日本語もS・R・ブラウン宣教師や日本人教師から学び、『外交官』にみるように日本歴史もかなり深く勉強したのは先に述べたとおりである。だからサトウは蟻のように利のみを求めてむらがるどの欧米人よりも日本と日本人の考え方を理解できた。これは彼にとって、というより大英帝国にとって大きな武器になったはずである。

通訳官としてのサトウの仕事は情報の授受を通じて、パークスとともにイギリスと日本との通商を発展させること、市場を日本全国に拡大することであった。それは産業革命の完成期にあり果てしなく市場を求めつづけるイギリス資本主義の必然的な要請であった。ただそのために根本的に解決されなければならない問題があった。大君（将軍）と各地の貿易を望む大名との関係が障害として横たわり、統一国家（統一市場）をつくるためには幕藩体制の変革をまたねばならなかったのである。

その目的のためには、日本の諸政治勢力はもちろん他欧米諸国と競合しつつもそのコンセンサスを得た上で、とくに幕府側を援助しその存続と貿易の独占を企図するフランス公使レオン・ロッシュには対抗して、主導権をにぎる必要があった。

慶応二年（一八六六）四月、サトウがジャパン・タイムスに発表した見解はその後「英国策論」として印刷配布され、特に西南諸藩の共感を得、彼を有名にした。もっともこの見解は彼の独創ではなく基本的に初代駐日特命全権大使ラザフォード・オールコック（在日一八五八―六四年）以来の現状分析にもとづく方針であったと言われるが、パークスの「剛腹」とサトウの「鋭敏な時代感覚、冒険心、柔軟性」のコンビネーションによって、実現にむかって大きくはばたいてゆくことになる。ただし、これもひとつの側面で、周知のとおり西南雄藩にも幕府内部の一部にもすでに同様の考え方があった。サトウは現実をつぶさにみて幕藩制崩壊の必然を予感し、安定した市場確保のために混乱をさけておだやかな改革を望んでいたのである。

以下サトウの「英国策論」の主張を簡略すると、日本は統一国家ではなく将軍は一個の封建領主にすぎず、将軍との（安政）条約はその直轄領に限定される。しかも雄藩大名は貿易を熱望しているから、市場を拡大するためにはこの条約を改訂し、天皇主権のもとに将軍を含む諸大名の合議政体と条約を締結すべきだ、ということになる。これは薩摩の松木弘安（寺島宗則）が渡英したとき外相クラレンドンに提案した「改革方式」と類似しているとされるが、いずれにせよ貿易拡大のための、日本の政治形態変革の必要性を主張している。しかもそれは革命と内乱を回避する非武力方式でなければならないとする（『明治維新の舞台裏』石井孝・岩波新書参考）。もっとも日本の政情はさらに複雑で、周知のようにこの平和方式はその後の大政奉還によって可能かとみられたが、王政復古後の公議政体における主導権争いと徳川慶喜の辞官納地問題に端を発して内乱を避けることはできなかった。いずれにせよ、この方針によってイギリスは幕府存続と貿易独占を求める宿敵フランスをおさえて欧米諸国のなかでの指導的立場を得、結果としてサトウにとっても満足できる新政府が樹立されることになる。

富蔵はサトウと「同居」し、サトウのゆくところ形によりそう影のように同行している。サトウをはじめ公使館の方針は熟知していただろう。サトウがおもに接触したのは幕府は当然として薩摩、土佐、宇和島、阿波の諸藩であった。これらの藩もまた積極的にサトウに近づいた。たがいに情報を交換し利用すべきところは利用しようと思ったのだろう。

――会津はおくれている

と富蔵は思っただろうか。ゆったりと流れてゆく時間、表面はともかく底流は徐々に太く早くなって、やがて急流のようにすべての古いものを押し流してゆく歴史という時間。そのなかで、藩内に激しい反対もあったが、藩主松平容保は文久二年八月京都守護職に任ぜられ、政争の火中に身を投じた。会津の悲劇はこのときから始まったといわれる。たとえそれが藩祖保科侯以来の家訓である徳川家への忠節であったとしても、内外の情勢はすでに幕府の存在と権力を疑問視しつつあったのだ。

ここではサトウと会津藩が接触した数少ない個所を『外交官』のなかから拾いだしてみよう(年月はすべて太陽暦による)。ただし富蔵の関与については不明である。

慶応元年（一八六五）十一月はじめ、イギリス公使パークス、フランス公使ロッシュ、アメリカ代理公使ポートマン、オランダ総領事ファン・ポルスブルックが条約勅許と兵庫先期開港を要求するため、軍艦九隻で兵庫港に停泊した。そのとき「会津と細川の家臣数名が、政治問題を論じるため、あるいは自分の藩主のためにできるだけ情報をあつめる目的でひそかに来艦したのは興味ある訪問だった。会津藩主は、京都にある大君の守備兵の指揮者であった。細川は九州の大きな大名の一人で、名分上は大君の味方であったが、反対派へ寝返った方が得策ではないかと、そのころすでにそう考えていた。この時分にはもう、大君の幕府と天皇の朝廷との間に、はっきりした対立が起こっていたからだ。大君は外国人の友であり、勅許を得ずに条約を結んだ、いわば臣にして大権を侵犯した者だが、これに対する朝廷の闘争標語は、『尊皇攘夷』であった。私の訪客は『人心不穏の状態』について大いに論じた。彼らの言葉によると、天皇は大体においてすでに条約を承認しており、長崎、箱館、下田を外国貿易港とすることに異論はないのであるが、神奈川の開港には承認を与えたまわず、下田をこれに代えられたのであるという。しかし、外国の商人が兵庫で取引きすることは、現在のところ到底勅許にはなるまいと、彼らは堅くそう信じていた。また排外的感情が国民の間にかなり広まっていると主張したが、しかし、長州などは大君の権力を奪うのが主目的で、そのための単なる党派的標語として排外思想を利用しているのだとも考えていた」（『外交官』上一八七頁）。

表面はおだやかな議論の裏で、京都を守護する会津藩士は四カ国が「若カ一、益々暴戻を極め上京せんとなれば、弊藩一同死力を尽して之を拒み、淀・鳥羽以往は一歩も踏せず、醜類を寸断して國威を伸んこと掌中に在り」として強硬な談判を願っていた（大目付兼外国奉行山口直毅回顧談）ところをみると、この機会は実は敵情偵察のつもりであった。

箱館から出てきて間もない富蔵がこの議論の場にいたかどうかはさだかでない。もしいたとすれば他藩や「自藩」の家臣たちの問題意識をもった議論に刺激されたことだろう。

慶応三年（一八六七）一月徳川慶喜は将軍に任ぜられ、大坂で外国代表と会見することになつた。二月、サトウはミットフォード書記官と同行し宿舎について事前調査のために大坂に出張した。一月宇和島を訪問した際、船に乗り遅れた富蔵は兵庫におくられてきており、ここでサトウに会うことができた。

「私は野口を、会津藩の人々に会わせるため京都へ出張させたが、彼は帰ってきて、数名の会津藩士が訪問にやってくると話した。十七日の晩おそく、梶原平馬（家老）、倉沢右兵衛、山田貞介、河原善左衛門の四名がたずねてきた」。彼らはハリー（パークス）卿、ミットフォード、サトウへの贈り物を持参した。サトウらは洋酒でもてなし、その二日後も昼食をともにし夜は会津側の接待で料亭で宴会をしている。

「これが機縁になって、私は会津藩の人々とも親密な間柄になったが、こうした友誼は、革命戦争によって日本国内の政治問題に関する彼我の意見が全く反するに到ったあとまでもつづいたのである。そして、この場合でも会津藩の友人たちは、イギリスの望むところは一つの国民としての日本人全体の利益であって、国内の党派のいずれにも組するものでないことを、はっきり見抜いていたので、われわれの演じた役割を少しも恨まなかった」（『外交官』上二四一―二四三頁）。

サトウが接触するのはおもに西南雄藩である。だがイギリスの対日政略をすすめてゆくためには、ほとんど動きの伝わらない東北諸藩の情報や考え方も把握しておかねばならぬ。とくに会津は京都における幕府側の一大政治軍事勢力である。サトウが富蔵を京都にやったのはこうした伏線があったからだろう。もちろんサトウは富蔵によって会津藩の精神的背景や政治事情を理解していたと思われるし、使者としての富蔵も忠実に首尾を果たしたといえるようである。しかしここでの記事には政治情勢について議論したあとはうかがえず、「飲み食い」による親密な関係だけが残ったようである。

富蔵の京都派遣に関してサトウは次のように記している。(『遠い崖—サトウ日記抄4』・萩原延壽著・朝日文庫、以下引用は『遠い崖』と略す)

「野口は京都で自藩(会津藩)の友人の何人かと会ったが、かれらは野口にあまりで歩くなと忠告したという。というのは、箱館のヴァイス(前イギリス領事)をたよって脱藩したかれの罪が、まだ許されていないからだそうである。」

しかしさきにみたように、この時期では藩は富蔵の脱藩の罪よりも、富蔵とサトウの関係からサトウに接近することを重視したようにみえる。富蔵自身も藩のそういう気配を察していたのではないだろうか。いずれにせよ富蔵は脱藩していたのである。

ところでこの会津の友人との「親密な関係」「友誼」とはどういうことだろうか。公使館付医官ウィリアム・ウィリスによる鳥羽伏見の戦い後京都から大坂へおくられてきた会津の傷兵の手当て（『外交官』下一一八頁）、高田、新潟、会津若松での負傷者の手当て（『外交官』下一二九頁）もそのひとつのあらわれだろう。またやはり鳥羽伏見の戦い後大坂での会津藩家老とサトウとの間でかわされた政府組織や代議政治についての意見交換（『外交官』下一〇一頁）、慶応四年（明治元年）四月江戸での会津藩士広沢富次郎、三並虎次郎との政治論議と彼らへのイギリスの立場の弁明（『外交官』下一三一頁）などを指すのかもしれない。

しかしサトウとしてのもっとも大きな「友誼」は、のちにみるように富蔵の兄成元の会津救済活動に対する援助にあらわれている。もともとイギリスの朝敵寛恕論は、貿易混乱を避けるための早期政治的安定を望む対日政策の一環であった。

いずれにせよサトウは容保との会見を望んでいた。

パークスとサトウが容保に会ったのは慶応三年十二月十四日（一八六八年一月八

日）、王政復古のクーデターに敗れて下坂した徳川慶喜が、会見して事情を告げたときである。サトウは「会津は年のころ三十二才ぐらい、中背でやせており、かぎ鼻の、色の浅黒い人物だった」（『外交官』下一〇六頁）と記す。十五日（新暦）ふたたびパークスとサトウは慶喜から新組織の情報を得るため大坂城に赴き、「帰ろうとしているところへ、会津がやって来て、すこぶる丁重な態度で長官（筆者注・パークス）に挨拶した。長官は、自分は大名の方々と懇意になることを大いに希望し、すでに幾人かの大名と近づきになっていると述べた。そして、もっと多くの大名と懇意になりたいのだが、阿波の藩主（訳注　蜂須賀斉裕）は唯今京都におられるか大坂におられるか、ご存じないでしょうかと尋ねた。会津は存じません、と答えた。長官はまた、昨年は阿波侯の国もとをたずねて、大いに歓待されたと言った。しかし、こんなに明けすけに言っても、何の手ごたえもなかったのである」（『外交官』下一一四頁）。

これは積極的な答えを期待する方が無理だろう。大政奉還から急転して王政復古という「陰謀」によって受け身となったこの時点では情勢は不透明であり、「将軍」

慶喜でさえも不安と動揺の渦のなかにあったのだから。もちろん富蔵はこの場には居合わせていなかったが、あとでサトウから話を聞いたはずである。

ながながと引用したが、サトウが接触したのは幕府の役人を除けば薩摩・島津、宇和島・伊達、阿波・蜂須賀、土佐・山内、肥前・鍋島、長州・毛利などおおむね反幕派の大名たちとその有力な藩士たちであって、左幕派といえば会津・松平ひとりだからである。当時イギリスは表面中立をよそおいながら幕藩体制の変革を求めていたから、この段階で幕府に殉じようとしていた会津侯とは相容れなかったとしても止むを得ない。たとえ情勢切迫のときでなくても「異人嫌い」の孝明天皇の信頼厚く、また大名と外国使臣との直接接触をきらう幕府の方針に忠実であった容保はすすんでサトウやパークスとは会おうとしなかったであろう。しかしそれにしても会津藩士たちの率直ないきいきとした態度とはおおきな落差があるように思われる。

富蔵としてはたとえ会津の将来に思いを馳せたとしてもおよそ力の及ぶところではなかっただろう。サトウを通じて得られる西南諸藩の情勢、さらに西洋諸国の政治、国際情勢を照合して「自藩」の旧態に忸怩たるものがあったと思われる。しかし富蔵の胸中には矛盾もあった。戊辰戦争勃発前夜にあたって「大君の唯一の目的は、平和のうちに時局を収拾するにあった。しかし、野口の態度は明らかに自藩たる会津の好戦的傾向を反映していたようだ」(『外交官』下一〇〇頁)。富蔵はサトウの平和的解決志向を知りながらも、この情勢下の「会津藩」の心情を同じ会津に育った侍として理解していたのである。

ところでサトウはここで「自藩」といっているが、富蔵はすでに、英語習得のため脱藩していた。ではなぜサトウは『外交官』のなかでたびたびみられるように「会津藩士」「会津の侍」野口という表現に拘ったのだろうか。ひとつには日本を愛し理解するサトウが「会津」の名によって代表される日本の「侍のなかの侍」を従者に得た誇らしい気分、ふたつには戊辰戦争の会津の悲劇を、それがイギリスの政策の企図したものではなく、あくまで中立的立場にたって日本全体の統一を望んでいたことを従者「会津の侍野口」によって弁明したかったからではないだろうか。さらに富蔵の留学への援助、富蔵の死後もつづいた遺族への情誼は個人的事情のほかに、「会津の悲劇」への贖罪的気分をあらわしているようにも思われる。
なおこの書物（原題A Diplomat in Japan）がロンドンで出版されたのは大正十年（一九二一）である。

『外交官』のなかでサトウは富蔵にさまざまな呼称を用いている。「召使」「従者」「用人」「使用人」「秘書」などで、地位についてそれぞれニュアンスの違いがあるが、松崎氏は原文にあたってそれぞれの英語表現を明らかにされている。ここではそのいちいちを挙げないが、呼称はサトウの信頼度が増すにつれて変わっていったようである。

『外交官』が富蔵について触れるのは慶応二年十一月（一八六七年一月）、サトウがパークスの命により長崎、宇和島を訪れたときからで、したがってそれ以前約一年間についての富蔵のことはよくわからない。おそらく当初はサトウの身の廻りの世話をする「召使」が適切な呼称であったと思われる。しかし、それからの富蔵の働きをみると、総括的にいえば「用人」あるいは「執事」・「家令」的立場にあったといえるだろう。

慶応二年十一月江戸に公使館完成、サトウは公使館付日本語通訳官に任ぜられ、江戸で「高屋敷」と呼ばれる家を借りたが、そこでの「家族」について述べている（『外交官』下八〇頁）。「第一に用人（前に述べた会津の侍野口）で、この者の役目は一切の管理、勘定の支払い、必要な修繕の手配、直接私に会う必要のない用事で来る人々との応接などであった」。その他は食卓に侍り小間使いとして働く十四才の侍、掃除等の雑用係の女、飯炊きなど万端の雑用係の男、馬丁兼門番、それに二人の騎馬護衛だが、富蔵はこれらの使用人の「一切の管理」を任されていたのだろう。いわば「家令」である。それを具体例でみることにしよう。（特記のないかぎりすべて一八六七年）

一、「秘書」「使者」

一月宇和島で入江砲兵隊長からサトウへの会食招待状を預かる（『外交官』上二二〇頁）。二月大坂薩摩屋敷訪問、家老小松帯刀へ来訪をうながすサトウの伝言を伝える（『外交官』上二三七頁）。同月京都会津屋敷訪問、家老梶原平馬らの来訪をうながす（『外交官』上二四一頁）。九月長崎で長州の遠藤謹助来訪、サトウにかわって名刺をうける。「遠藤は……直接私のもとへは来ないで、会津の家臣である私の秘書野口を通じて名刺をよこした。野口はそれを見て、だれのことかすぐにわかったそうだ」（『外交官』下七七頁）。

二、「会計係」

三月サトウが横浜の友人数名と熱海箱根を旅行したとき、費用の支払い交渉をする（『外交官』上二四七頁）。五月サトウ、ワーグマン、ウィリス、富蔵を含む従者三名、大坂から江戸へ東海道の旅で料金・値段の交渉を含めて会計役をつとめる（『外交官』上二六五頁）。八月サトウ、ミットフォードとその使用人リン・フー、富蔵は七尾から陸路大坂まで旅行するが、記述はないものの恐らく同様であろう。

三、「作法指南役」

サトウは幕府の外国奉行たちからしばしば食事招待をうけているが、そのときの日本の作法を指南している（『外交官』下五頁）。ただしその場合「野口は始めから敷居のすぐ内側にすわったままでいる」。

四、「情報蒐集者」

さきに述べた東海道の旅の途中、掛川の宿で例幣使について（『外交官』上二七九頁）、同じく七尾からの旅で道路の状況と土佐人の襲撃の噂について（『外交官』下三三頁）、一八六八年一月鳥羽伏見の戦いの前夜、西宮に上陸した長州勢の進軍状況について（『外交官』下九八頁）それぞれ情報をサトウに伝えている。

五、「護衛」「身辺警護者」

サトウの行動に際しては多くの場合外国奉行派遣の公使館付護衛（別手組）が同行しているが、それは攘夷浪人の襲撃を防ぐとともに同時にサトウのいうように外交官の行動を監視するためでもあった。新政府になってからも同じである。しかし富蔵の場合はサトウの公式、私的行動を問わずつねに身辺警護にあたっている。さきに述べた東海道掛川宿での例幣使の従者の襲撃からサトウを護ったのは富蔵であった。

Yasu　Noguchi　Akum　Mitford　Liniu
Satow　Cardew　Thalbitzer

撮影の時期は慶応３年１月。場所は大坂寺町のサトウの宿舎本覚寺の庭。撮影者は、浪花心斉橋北詰塩町角、写真師中川信輔。「A DIPLOMAT IN JAPAN」に掲載されたもの

六、「通訳」

サトウの日本語は十分に達者であったから、日常会話はもちろん困難な外交交渉でもまた天皇や将軍との謁見においても正確に意を伝えることができたのは『外交官』にみるとおりだが、外交上の公式の席では幕府の通辞が同席したはずであり、したがってもし富蔵が通訳する必要があったとしても、それは方言や特殊な語彙に関して説明する場合に限られたと思われる。

遠藤謹助の件については補足説明が要る。

後世、近代日本造幣の開祖といわれる遠藤謹助は文久三年（一八六三）五月、長州吉田松陰門下の井上馨・井上勝・山尾庸三・伊藤博文とともに密出国してロンドンに学ぶ。伊藤と井上馨は馬関砲撃事件を知り半年後に帰国するが、彼は残って経済学・貨幣鋳造法を学び慶応四年（明治元年）八月ロンドン大学を卒業、五年余の留学を終えて帰国した（『海を越えた日本人事典』より）。

慶応三年、長崎で起こったイギリス艦イカラス号の水兵殺害事件（司馬遼太郎の小説『慶応長崎事件』に詳しい）調査のためサトウと野口富蔵は土佐を経て現地長崎に赴いた。サトウはそこでたびたび薩摩の新納刑部や長州の桂小五郎、伊藤俊輔の訪問を受ける。「九月二十三日には伊藤が別れの挨拶にやって来たが、その時彼は同藩の青年を紹介して、この若者を生徒という名目で江戸まで連れて行ってほしいと、頼んだ。この青年は伊藤の仲間であるいわゆる長州五人男の一人遠藤謹助であった。遠藤は、すでに述べたように、一八六三年（訳注文久三年）にひそかにイギリスへ渡航した者の一人だが、この男は山本甚助という偽名を使っていた。」（『外交官』下七三頁）つまり偽名の名刺だったが富蔵は事情を知っており、顔も見知っていたのである。

なお後述するように、大蔵省十三等出仕心得野口富蔵が英国留学を終えて帰国したのは明治六年九月であり、当然省に帰国報告しただろう。そこで遠藤謹助に逢ったかもしれない。

こうした富蔵の働きを通して、サトウは「あくまで正直で誠実な男」「忠実な会津の侍」として富蔵を理解し、またそのように遇した。とくに掛川の事件では『由来』がいうように「(富蔵は)此ノ時己ガ危険ヲ忘レテ同氏ヲ救ウ。同氏感激シテ謝シ、記念品(紋章入りの金時計)ヲ贈ルト共ニ兄弟ノ交リヲ切望ス」るほどに富蔵に対する信頼を深めている。だからといって富蔵がサトウと諸侯や志士たちとの重要な会談の席に連なったと考えるのは難しい。彼はあくまでも従者として、その立場を越えることない控えめな態度によってこそ「忠実」の評を得たのであろう。サトウは僅かばかりの外国知識をふりまわすある種の日本人の馴々しさを嫌っており、逆に日本の古来の礼儀を重んじそれに従った。また「侍」という言葉にも忠節だけではなく勇気や信義礼節を備えた人間性、ある程度の教養などへの評価を読み取ることができる。

これは純粋培養の会津武士の徳義であって、幼時から藩校日新館で培われたものであろう。富蔵の生い立ちについて『由来』の記事は皆無だが、日新館で学んだことはほぼ間違いない。幕末会津では藩士の子弟は就学を義務付けられていたからである。

会津藩の教育水準の高さはこの事実によっても推測されるのだが、十歳から素読、習字をはじめ、十一歳で習礼、十三歳から算術、十五歳から武道（弓・馬・剣・槍・砲・水練）を学び、次男以下は二十一歳まで就学できた。ここでは武士としての教養の根基を儒学哲学におき、修身・斉家・治世の要道を身につけ為政者としての政治的道徳的人間形成をめざしている。剣術は一般共通科目であり、文の分野では習字・習礼のほか小学、孝経・四書・五経などの経書類を中心とする漢学、歌学・皇学・神道などの和学、天文、音楽、和漢の医学などがあったといわれる。

富蔵という個人の「忠実」の対象はいまはサトウであった。サトウという人格が表現する西欧文化であり、完全とはいえないながら封建的な精神習俗を離れた合理主義であったといえるかも知れない。しかし対象が「藩」「藩主」から変わったとしても「忠実」という会津の精神構造は、普遍性をもって確実に富蔵の奥深くかたちづくられていたといえよう。もし富蔵が藩籍を有していたとすれば、慶応四年三月容保が江戸から会津へ引き揚げたとき、当然その「忠実」のあらわれとして容保に従っていただろう。富蔵は会津の心情を理解し、その「好戦的態度を反映していた」からである。なお新渡戸稲造は、武士道の最高の徳義は忠義であるとしている。

四、掛川宿事件

ここでサトウが「兄弟ノ交ワリヲ切望スル」にいたった慶応三年四月二十四日の掛川宿事件について、もう少しふれておこう。幕末幾つかの攘夷事件があったが、この事件では幸いサトウもワーグマンも生命に別状がなかったため、歴史上おおきく取り上げられることはなかった。しかしもし流血の結果をもたらしていたら、外交上の大問題となり、幕府は多額の賠償金を支払わねばならなかっただろう。ちなみに民間人らを殺傷した生麦事件の賠償金は十万ポンド（四十万ドル）。サトウらの生命とともにこの事態を救ったのが富蔵であった。

このときサトウはミットフォード書記官、公使館付医師ウィリス、画家ワーグマンなどとともに大坂から江戸をめざし、東海道をくだってゆく旅の途中であった。例幣使というのは日光東照宮へ遣わされる朝廷の公卿のことで、このときは武者小路公香だが、その従者たちは「自分の主人である高位者に適当な敬意を払わなかったという口実で金銭を強要するのを常習としていた」（『外交官』上二七九頁）。

この旅には幕府外国方の山崎龍太郎が同行しており、例幣使の移動情報の蒐集につとめていて、道中での接触を避けるべきだという意見で一致していた。そのため旅を急ぎ、例幣使よりも早く掛川の宿に入った。また「掛川の本陣は例幣使の一行にゆずって、サトウ、ワーグマン、野口らは脇本陣浅羽屋長左衛門方、山崎ら外国方と別手組は二手にわかれて、それぞれ別の宿に入った。しかし別手組のこの夜の当直二名は脇本陣にのこって、警備の任についた。」（『遠い崖・5』）例幣使の到着は遅く、午後八時ごろで、彼らの襲撃は午前一時すぎだった。この襲撃は失敗に終わった。「賊を追いはらったのは野口の手柄である。最初に踏みこんできた連中は野口の怒号におびえて逃げ、蚊帳を切りおとした男は野口の態度にふるえ上がった。」朝、サトウはさっそく外国方に犯人の逮捕と賠償請求を交渉するよう指示したが、その前に「手柄」とされた富蔵の働きをみておこう。

「野口は、一部始終を物語った。彼は、正面の戸が打ちこわされる音を聞いてとび起き帯をしめ、右手に刀を握り、左手に拳銃を構えて、部屋の入り口に突っ立った。数名の凶漢がどかどか入ってきて、『毛唐』を出せとどなったが、野口は彼らに、もっと中へ入って来たら『毛唐』を渡そう、と答えた。そうした野口と、凛とした威勢に驚いて、凶徒は逃げ去った。野口の見るところでは、相手の人数は全部で十二人ほどで、二人は長刀を、他の者どもは短い刀を持っていた。見わたすと、ワーグマンの室の斜向かいの部屋の蚊帳がずたずたに切られている。蚊帳の中の人間は逃げてしまっていた。幸いに私たちは寝しなにランプを消して置いたので、凶漢どもは勝手がわからなかったらしい」(『外交官』上二八一頁)。護衛たちは「危険が去るまで現場に現われなかった」(『外交官』上二八二頁)のである。これでみる限り別手組の護衛は名目上だけのことであったといえよう。なおミットフォードによれば別手組は「我々を護衛するというよりも、我々をスパイすることにずっと大きな関心を持っているようであった」(『英国外交官の見た幕末維新』A・B・ミットフォード)。

この事件に関する日本側の史料を発見されたのは市居浩一氏である。市居氏は東大史料編纂所の『維新史料綱要巻七』慶応三年五月六日条で、パークスが幕府に対して暴行者の厳罰を求めていること、同年十八日条では幕府がその処分についてパークスに報告していることを明らかにされた。その処分の詳細について、さらに『続通信全覧』と『復古記』（東京大学蔵）を検索されている。

このうち前者に、現存する数少ない富蔵の届書があるので、サトウの記事と重複するが引用する。

「丁卯五月三日　御尋に付以書取申上候　当四月二十四日遠州掛川宿本陣止宿罷在候処、同夜九ッ半時頃何者共不知同所に踏込物騒敷に付、目覚し□を出し居候処異人居間に案内可致或者可差出杯と高声申罵り在に付、起上り直様用意におよび私寝間之襖押開き様子柄等窃に窺候処、人数凡拾弐三人程に而、抜身携候ものも有之又者御用を記し候提灯並に紋付の提灯等凡五六張所持に而、萌黄羽織を着し居候者有之、或者棒杯携私居間に近寄候間、行灯消置、薩道君（註・サトウ）並或満君（註・ワーグマン）に右始末申上候処御返答無之、右に付再度申上候得共一同御返答無之に付心痛仕、彼是猶予之内最早狼藉人共詰寄候に身請候処、別手組壱人駆来り候間、右之仁に御両君之儀者相頼置、私儀者元居間に立戻り、右狼藉人共に申聞候者其方儀深更に何用向有之候而異人に案内乞申候哉と刀抜高声に呼掛け右の者共の中に進出候処、一同退足に相成追々散乱仕候間、猶戸口之方迄追懸け罷出候処、後之方に而物音有之候に付顧候得者刀をかさし候者有之に付互に軆をかさし身構におよび其節、私手銃を左之手に持、是にても不恐哉と申おとし候得者、恐怖いたし候様子に而直に戸外に駆出し候。尤御両君之儀深心痛相成候間、奥之方に引戻し安否相伺候処、薩道君無御別条候得共、□□□残党之儀も難計に付薩道君等与別手組私同道に而諸方見廻り居候処、外止宿別手組方等外国方一統抜身を携□駆付猶亦共々見廻り候処残党更に無之一同安心仕候儀に御座候。前書私太刀合□者儀□年齢三十歳位背高き方、亦茶縞袴高股立ち引上け、面躰之儀者□与見留不申候。右一件始末御尋に付此段奉申上候。以上。卯五月三日　野口富蔵印」。

「狼藉人」の罪状と処断についても『復古記』に詳しく述べられているが、長くなるので『維新史料綱要』慶応三年十一月十八日の条から引用する。

「幕府、英国特派全権公使パークスニ牒シテ、曩ニ掛川駅（遠江國小笠郡）ニ於テ英國公使館員サトウ等ヲ襲ヒシ元櫛笥家家士林式部・元今城家家士山田主殿ヲ死刑ニ、其他ヲ遠島ニ処スベキヲ報ズ」（筆者註・遠島は永瀬衛門ほか三名）

サトウの記述は淡々としているが、後述するように富蔵の死後もその妻くらへ恩給を送り続けたのは、日頃の富蔵の忠実・信頼とともに、このときの富蔵の行動に対する、終生忘れることのない感謝の気持ちからであろう。

五、故郷喪失——会津藩崩壊

戊辰戦争の行方はパークスやサトウにとって、いやこれまで順調にすすんできたイギリスの対日外交戦略にとって、新政府の勝利を望み確信しながらも重要な関心事であった。鳥羽伏見の戦いに端を発した戦争の推移はここでは省略するが、内戦の長期化とそれにともなう混乱は一時的にせよ貿易市場の拡大に大きな障害になる。内戦の早期終結と政権の安定は、欧米各国のなかでもとくに最大の貿易量をもつイギリスの望むところであった。しかし新政府を支援するイギリスの意向がどうであれ、外国が内戦に干渉すること、いずれか一方を援助することはできない。

「私（サトウ）は彼ら（筆者註・五代才助＝友厚、寺島陶蔵＝宗則）に向かい、すぐに通牒を発して諸外国に局外中立を要求するようにと勧めた。そうすれば、徳川方でフランスから入手しようとしている甲鉄艦二隻のほか、アメリカのストーンウォール・ジャクソン号も、同国公使に要求してその譲渡をやめさせることができるからであった」（『外交官』下一四五頁）。

新政府はこの忠告を容れて各国に要請し、一月二十五日、英・米・仏・蘭・プロシャ・イタリアの各国代表は局外中立を布告した。これは幕府にとって不利であった。先述の軍艦調達が不可能になった以上に、これまで正統政府であった幕府が新政府と対等の交戦団体に格下げされたことを意味するからである。イギリスの巧妙な「陰謀」は成功した。しかしイギリスと対立していたフランスは江戸湾から脱走した榎本（武揚）艦隊や会津鶴ヶ城に軍事顧問団をおくりこんでいた。

明治元年（一八六八）のはじめサトウはとくに多忙であった。局外中立の問題だけではなく、一月一日（慶応三年十二月七日）兵庫開港以来、戦争勃発について情報蒐集と分析、居留民の保護、「将軍」慶喜との会見、相次ぐ神戸事件（陽暦二月四日、上洛途中の備前兵が神戸の居留地の北側で行列の前を横切ったアメリカ人水兵一名を射殺、居留地の外国連合軍と交戦し、備前藩の滝善三郎が責任をとって切腹。サトウは備前事件という）・堺事件（二月十日、堺に上陸したフランスのデュプレックス号の水兵十名が守備兵土佐藩兵に射殺された。藩士十一名の処刑と賠償金の支払いを約し決着した）の処理問題、新政府要人との政体に関する意見交換、天皇の謁見、それらにともなう文書の作成と翻訳、加えて長崎浦上のキリスト教徒問題（慶応三年七月、浦上のかくれキリシタン百七十名が捕縛され、キリシタン禁制を踏襲する新政府は指導者を長州、津和野、福山の三藩におくり投獄した。この弾圧迫害政策に対して各国公使とくにパークスは強硬な抗議を行なった）についての意見交換など。兵庫から大坂へ、さらに京都へ、大坂から横浜へ、サトウがようやく江戸の公使館に帰ることができたのは四月一日であった。この動乱の時期、富蔵はまだ攘夷気分の横溢した不安な治安状況の下にあるサトウの信頼すべき護衛として、また刻々と変わる情報蒐集者として働いていたのであろう。そして四月五日、『航海人明細艦』にみるように横浜本町二丁目に居をさだめた。

絶対恭順の慶喜に対して松平容保、定敬（桑名藩主）兄弟は鳥羽伏見の戦いのあと、三月、三十名ほどの会津藩士を江戸に残して坑戦準備のため会津にひきあげた。

六月和戦両論にゆらぎながらも会津藩救済をめぐって奥羽越列藩同盟成立。しかし新政府軍はあくまでも恭順を表明した元京都守護職を許さなかった。それは既定の方針だったようだ。

「今般御英断をもって王政復古の御基礎召し立てられたく御発表については、かならず一混乱を生じ候やも図り奉りがたく候えども、二百有余年の太平の旧習に汚染仕り候人心にござ候えば、一度は干戈を動かし候て、かえって天下の耳目を一新……」（慶応三年十二月八日付西郷・大久保から岩倉具視への手紙）。

錦旗―天皇という権威、その権威を政治的混乱のなかで確立するために、そしてその権威を国家統一の基礎として利用するために武力制圧を必要とした。慶喜恭順後、その選ばれた標的が会津藩であった。七月四日上野彰義隊の戦い。以後戦火は奥羽越から箱館に拡がってゆく。富蔵の弟留三郎は彰義隊に加わって戦死したが、この悲報を富蔵はいつ耳にしたのだろうか。

孤立した会津藩が娘子隊を組織するなど一藩をあげて戦い、砲撃で無残な姿になった鶴ヶ城での籠城ののち、遂に開城したのは十一月六日（明治元年九月二十二日）のことであった。『外交官』はそのときの模様を次のように記す。「会津藩主父子（訳註　松平容保、その子喜徳）は礼服を着用し、『降伏』と書いた大きな旗を持った家来を先頭に立て、同じく礼服を着て頭をそった守備隊員をしたがえて、攻囲軍の軍門に降った。城と武器全部が官軍に引き渡され、藩主父子は町の仏教寺院で厳重な蟄居（謹慎）の身となった。官軍の幕僚長（軍監）中村半次郎（訳註　後の桐野利秋）は、城と城中の器材を受取りに行って、男泣きに泣いたという。

私たちは、以上の説明を聞いて顔色を失った外国使臣のいるのを見て、小気味よく思った。なぜなら、彼らは会津が必死の奮戦によって官軍を破り、イギリス公使館の政策を挫折させることを期待していたからである。この目ざましい事件も今や全く片づいたので、北国の諸藩が相次いで帰順することは期待して間違いなかった。『京都の官報』に公表された、十一月十六日付の肥前藩の詳報によれば、会津の守備軍は侍階級の軍人七百六十四名、下級の兵士千六百九名、負傷者五百七十名、他領からの脱藩者（浪人）四百六十二名、婦女子六百三十九名、役人百九十九名、一般人六百四十六名、藩主父子の身辺の従者四十二名、人足四十二名からなっていたとある。防戦中に戦死した者の数については、記録がなかった」(『外交官』下二二二頁)。

ここでサトウのいう「顔色を失った外国使臣」とは最後まで対立したフランス公使ロッシュを指すのは間違いない。ロッシュは慶喜の恭順蟄居後も幕府の勝利を信じていたからである。

もしサトウからこの官報を見せられたとしたら、富蔵は記録された人数のなかに、たとえ負傷者でもよい、生者の数のなかに自分の家族が含まれているよう願わずにはおられなかったことだろう。立場の違いは運命である。故郷を去って以来、互いにあまり連絡することもなく、運命によって反対の立場にそれぞれの身をおく結果になったとしても、血のつながった家族の安否は何にもまして気にかかるものだ。

ともあれイギリス外交は勝利し、複雑な政局のなかでのサトウらの働きは報われた。

鶴ヶ城開城後、容保は十二月十五日江戸郊外の千住にうつされ、会津藩士たちは捕えられて近郊の謹慎所に入った。年末、富蔵の兄成元は猪苗代謹慎所を脱走し、危険をおかして東京に出、「岩倉公ヲ始メ大久保、木戸、三条、後藤公等ノ大官連ト会津藩トノ直接交渉ニヨリ会津人救済ヲ画シ、……当時英国公使《ママ》アーネスト・サトウ氏ハ、弟富蔵ト親交アリ。同公使館ニ使丁トシテ日中勤務シ夜ハ出テ大官連ト協議シ……」(『由来』)ている。朝敵処分については官軍指導部による厳罰論と状況からの同情的な寛恕論があり、提議した岩倉具視、木戸孝允らは罪の軽重をあきらかにしながらも「こらしめ」に重点をおいていたからであろう。そしてこれには富蔵を介してサトウの尽力が当然予想されるが、この時点では旧会津藩士たちの行く手に横たわる暗雲が消え去ったわけではない。なお、この時期サトウは書記官であって公使ではない。

会津藩の崩壊。脱藩したとはいえ富蔵にとっては故郷喪失という現実に直面して、彼の感情や意識はどのように揺れ動いたのだろうか。

さきに私は富蔵の藩意識に疑問を投げ掛けたが、当時から後年にわたっての「本

富蔵の生家があった会津天寧寺町付近（2013年）

家」成元とのコミュニケーションの少なさ、例えば先述の兄成元の「会津救済」活動記事にしても、同じイギリス公使館にあってサトウの尽力が予想されながら、富蔵の協力が言及されていないのは、やはり富蔵の脱藩による家族内のわだかまりがあったのだろう。脱藩には藩意識の濃厚な家族の反対があったと想像される。さらにそうした個人的事情に端を発しながら、サトウに従って欧米列強の状況、情勢を摂取するうちに、倒幕派の先進的志士の多くがそうなったように藩意識が消え去り、「万国対峙」のなかで近代国家意識に目覚めたと思われる。

いずれにせよこの時点では会津藩処分の方向も定まらず、新政府は「よちよち歩き」を始めたばかりである。

この混沌と不安のなか、富蔵はその不安を振り払うかのように英国留学の準備をすすめようとしていた。

六、留　学

「（野口は）、こんど長崎まで私について行き、そこから旗艦の指揮官アレキサンダー・ブラー付の船室給仕をやりながらイギリスへ渡ることになっていたのだが、来る途中に経験したひどい船の動揺に閉口したためか、それとも下僕という低い地位がいやになったからか、にわかに心境の変化をきたし、江戸へ連れて帰ってくれと、私に嘆願しだした。ブラーは、それは困ると言ったが、私としては何ともすることができなかった。野口は結局、一八六九年（訳註　明治二年）に、私に付いてイギリスへ渡り、私は二年間この男のために学費を出してやった。私が日本へ戻って来てからも、彼は日本政府の費用でしばらくロンドンに留学していたが、しまいに東京へ帰ってきて、軽微な公職についた。彼としては、割合に高い地位だったのだが、一向にもったいぶった顔もせず、私の厄介になったことを決して忘れなかった。一八八五年初めごろ、私は野口が死んだことを聞いて、ひじょうに残念に思った。彼は、あくまで正直で、誠実な男であった」（『外交官』上二一一頁）。

はじめの部分は、サトウがパークスの命を受けて、一八六七年一月一日（慶応二年十一月二十六日）長崎から鹿児島と宇和島へ向けて軍艦アーガス号に搭乗したときの記述である。富蔵が留学を決意したのは、したがってそれ以前であり、箱館で英語習得を始めたときからの計画だった。

天保十二年（一八四一）生まれ、二十五才（慶応二年現在）の武道できたえた若い頑強な肉体。サトウからみれば二つ年上だが、サトウが志しをたてて日本行きの夢を実現したように、富蔵は英国留学を目指した。サトウの励ましもあったし、また援助も約束されていたのだろう。若いときの夢はその気になりさえすれば必ずかなえられるものだ。サトウから聞かされたイギリスの文明、いや横浜や長崎で見聞きした新しい文明の利器。会津では想像もしなかった世界がある。しかも薩長をはじめとする西南諸藩は、他藩にさきがけて留学生をおくり、その世界に触れようとしている。いま日本は二百数十の藩に分かれているが、サトウの話すところでは将軍を含めた諸大名の合議政体が必要だし、またそうなるだろうという。富蔵の胸中にはすでに藩はなく、それよりも新しくひとつになる日本という広い舞台を想定し、欧米諸国に追い付くために何かの役割を持たねばならないと思ったのではないだろうか。

富蔵の決意の背景には「世の動き」がある。幕末から明治にかけての留学事情については石附『海外留学史』と渡辺『海外留学生史』に詳しいので以下参考にしながら富蔵の軌跡をたどることにしよう。

まず石附実氏による統計をみよう。

万延元年から慶応年間までの海外留学生の数は一五三名である。このうち不明分を除くと慶応年間が一二一名（元年二九、二年三一、三年五一、年次不明一〇）で約八〇％を占める。派遣元別では幕府六五、諸藩六〇、私費七、不明一八で、諸藩のうち鹿児島二六、長州一一、福岡七が目立つ。ちなみに会津は二で海老名郡次と横山主税の名があり、このふたりは慶応三年から明治元年まで幕府派遣の徳川昭武一行に加わってフランスに赴きカションに学んでいる。なお留学国別ではイギリスが四九で最多だがその内訳は諸藩派遣が三四、幕府派遣二七となっている。諸藩ではアメリカ三〇がこれに次ぐ。

慶応二年（一八六六）八月四日、幕府はパークスの勧告にしたがって鎖国を解き「海外諸国江向後学科修業又は商業のため相越度志願の者は願出次第御差許可相成」の布告を出し、正式に留学・渡航を自由化した。幕府派遣留学生数が二年、三年にピークを迎えるのはこのためであろう。一方諸藩関係ではむしろ慶応元年一九、二年一一、三年二一で解禁以前から積極的な派遣体制にあったといえる。もちろん密航であったが、幕府に薩長を主とする彼らを取り締まる力はもう失われていた。

富蔵の留学決意もこの布告によって固められたといってよいだろう。もともと英語修得という行為は、それだけではあくまでも手段に過ぎず、外国での学術修業へと行き着く可能性を秘めているのである。それまでの数少ないとはいいながら幕府派遣の使節団や留学生によってもたらされた海外情報、それは例えば慶応二年に発行された福沢諭吉の『西洋事情』によっておおやけにされているが、何よりも富蔵はサトウという博学なメディアによって刺激を受けていたといえるだろう。数年に及ぶ英語の学習、さらに藩という束縛からの自由。ただ富蔵は自分の、留学にはそれほど若くはない二十五才という年令が気がかりだった筈である。

――一日も早く留学の途につかなければ

と富蔵はあせっていたに違いない。しかしサトウによれば、その志とは遠いところの理由で渡航は中止された。軍艦プリンセス・ロイヤル号が横浜を出航するとき、富蔵は神奈川奉行を通じて得た海外渡航免状と留学用の手荷物をたずさえて乗艦したはずである。いつでも日本を発つ用意はある。船酔いを覚悟し下僕という低い地位も承知していたはずである。いったい長崎で何があったのか、『外交官』の記述からもそれらしい理由を見付けることはできない。ここでは単純にサトウでさえ「四日間というもの、食物が全く喉へ通らず、吊り床に横になったままだった」(『外交官』上二〇八頁)ほどの風浪による難航海に、さすがの富蔵も怯んだとしておこう。

ここで少し長くなるが幕末の海外留学状況をふたたび前掲二書によってみておき

たい。

嘉永六年ペリーの来航以来の外圧のたかまりによって、幕府は軍艦の建造依頼、購入、航海術の伝習、要員の外国派遣等の海防策を模索していた。老中阿部正弘も若年の俊才をヨーロッパに派遣し、産業政事学、兵学、究理学（物理学）、航海学等を学ばせ「富国強兵」に役立たせようとしたが、これは安政四年六月阿部の急死と攘夷活動のため実現しなかった。

万延元年（一八六〇）一月日米修交通商条約本書交換のため新見正興ら遣米使節団派遣。このときは進んだ社会制度、科学技術を目のあたりにして、海軍制度、科学技術導入のきっかけとなったが、留学の検討には至らなかった。

文久元年（一八六一）十二月から翌年十二月にかけて勘定奉行兼外国奉行竹内保徳ら視察見聞のため遣欧使節団派遣。さきに述べた福沢諭吉の『西洋事情』は、この二度にわたる使節団に同行したときの見聞をもとにしているが、そこでは政治、財政、会社、外交、兵制、学校、図書館、病院、博物館、博覧会、蒸気機関、蒸気船、蒸気車、伝信機、ガス燈など当時の欧米のあらゆる先進文明について述べている。とくに蒸気機関は船だけではない、鉱山も機業も車もすべて蒸気機関を動力として利用しているというのである。

幕府初の留学生派遣は文久二年のことである。この年の使節の直接の目的はオランダに依頼した軍艦建造の立ち会い、引き取りであったが、竣工までの間実地に造船・兵器製造法・航海術を修業させようとした。このときの見学と学習は広範な分野におよんでいる。その中心は海軍軍事技術（造船所、火薬製造所、機械工場、鉄工場、海軍医学校、海軍兵学校）の見学と一部修業であったが、それにとどまらず留学生西周や津田真道は「西洋兵制の採用、国産の増殖と外国貿易の促進の必要」を認識し「西洋学術はそれを実現する重要な方途となる」のであり、「西洋学術の導入、人材教育、学術講究が急務」とした。つまり「軍事技術の伝習から政治軍制にわたる巾ひろい諸学術の研究へ」と留学の意義を転換させ、事実ふたりが学んだのは政治学、経済学、統計学、国際法学であった。彼らは慶応元年十二月帰国の途についたが、帰国後西周は「政治之公大凡百学術ノ精緻、利用厚生之道相開ケ候ハ実ニ千〔古〕東西未曽有之盛美」の西欧を伝えるべく京都に洋学塾をひらき福井、会津、桑名、津等の諸藩士五百人を教えたという。

文久三年（一八六三）十二月、攘夷の風潮激化という国内事情から英仏との横浜鎖港問題で派遣された外国奉行池田長発らの遣欧使節団は、その目的についての成果はなかったものの視点をかえて本格的な留学生派遣提案を行なった。公使の派遣、海外渡航の許可のほか「陸海二軍の方法は勿論、治國経済の道、西洋の所長を採らせられ候為め留学生御遣しに相成修行仕らせ度事」というのである。

留学・渡航の解禁後、慶応二年八月から三年にかけて佐倉藩三名香港へ、徳島藩三名イギリスへ、勝小鹿ら三名アメリカへなどの渡航・留学があり、幕府は二年十月開成所の学生十四名を試験で選抜しイギリスにおくった。いずれも十代後半から二十才前後の俊才であったが、留学生林董（のちの駐英大使）が「十四人のうちほとんどの者が英語を読むことはともかく、会話力を身につけておらず」「教師を雇い英語、算術などの初歩からの学習を開始しなければならなかった」と述べているように基礎学力の不足が目立った。さらに慶応三年一月、パリ博への将軍名代として徳川昭武民部大輔らがフランスに派遣され、若干名の青年たちが諸学術修業のため随行した。三年から五年間の予定であったが、幕府瓦解のため、さきのイギリス留学生ともども明治元年正月新政府による帰国命令が出された。

なお文久二年のオランダ留学はオランダの欧州諸国のなかでの相対的後進性によって、またフランス留学はフランス人の冷淡さによって、以後イギリスへの留学希望がふえることになる。

以上幕府による渡航あるいは留学について述べたが、ほぼ同数の留学生をおくった諸藩とくに長州と薩摩についてその状況をみてみよう。

まず長州では渡航禁制期から「藩士の強い働きかけ」があり「藩の黙認」というかたちをとった。その根底には薩摩への対抗意識があったが、その意識も藩次元を超えて「国家次元から成果を期待し、日本の富強をめざす」ことになる。文久三年五月横浜を出発した伊藤俊輔、井上聞多、山尾庸三、野村弥吉（井上勝）、遠藤謹助（先述）の五名は攘夷実行をめざして渡英、ロンドンのユニバーシティ・カレッジに学んだが、途中で攘夷の無謀を悟って開国論へ転換し、伊藤、井上聞多は攘夷実行の藩論を覆すため急遽帰国した。伊藤と井上が学んだのは軍事・政治・法律で約半年に過ぎなかったが、野村、山尾、遠藤は理科、自然科学を学び、造船所、海軍諸施設、各種工場を見学し滞英約五年に及んだ。なお余談だが遠藤は『外交官』でみるように戊辰戦争勃発前後帰国し、伊藤の命をうけてサトウに刻々と変わる政治情勢についての情報を伝えている。戊辰戦争の行方は留学どころではなかったのであろう。したがって他のふたりよりも早く帰国していたと思われる（石附『海外留学史』ではこの三人は「慶応四年八月八日帰国といわれる」となっている）。帰国後新政府のもとで井上勝は造幣頭兼鉱山正さらに鉄道頭として日本の鉄道建設に一生をささげ、山尾は造船工学教育にたずさわり、工学寮を中心とするイギリス系統の工学技術の移植をはかっている。明治十五年工部卿となった。

かわって薩摩では藩当局によって積極的に計画が推進されている。その経緯をみよう。

元治元年（一八六四）、五代才助（友厚）と松木弘安（寺島宗則）による上申書が提出された。それは前年文久三年の薩英戦争での捕虜中の体験から「開国を見越して他藩にさきがけて富国と強兵の策を講ずることこそ急務」として「富国のための上海貿易促進、留学生の西洋への派遣」をうたった。その主目的は「外国情勢の把握、海軍術・兵器製造法の導入、物産機械・兵器の買入れ」で、留学は「付随的」だった。しかしその年から技術習得計画は着々とすすめられ、六月頃軍事・医薬・理化学教育のため開成所設立、七月海軍・航海・測量・機械・大砲など研究のため国内遊学制度設置、慶応元年一月留学生派遣計画と人選、三月ロンドンへ向け出発。同二年五月高度の西洋学と科学教育のために海軍所・陸軍所開設、外国所を設置、応接などを担当する目的で外国係（新納刑部）を置き、その間中井弘は英仏へ、吉原重俊ら五名はアメリカへ派遣されている。

このうち慶応元年のイギリス留学生について触れてみよう。彼らは長州の五名と同じくロンドンのユニバーシティ・カレッジに修学し、アレキサンダー・ウィリアムソン教授の指導をうけている。石附氏のリストにあげられている留学生たちは、『外交官』のなかでサトウが頻繁に接触している人たちなのでここに記しておく。

新納刑部（二十四才、監督）、町田民部（二十八才、学頭のち元老院議官）、松木弘安（寺島宗則、三十四才、経済を学びのち外務卿）、五代友厚（三十一才、経済を学びのち大阪商工会議所会頭)、畠山義成(杉浦弘蔵、二十三才、陸軍学を学びのち開成学校長)、鮫島尚信(二十一才、法律文学を学びのちフランス公使)、中村宗見(二十五才、化学を学びのちオランダ公使)、森有礼(十九才、海軍測量術から社会科学へ進みのち文相)、市来勘十郎(二十四才、海軍測量術を学びのち海軍中将)、吉田清成(二十一才、海軍機械術から財政金融へ進みのち枢密顧問官)。いずれも帰国後は明治国家の中枢にあって近代国家形成に貢献したが、ここではその若さに注意しておこう。

石附氏は修学目的が当初の「直接的な軍事技術から基礎的な一般学へと変更」されてゆくことがわかるといわれる。「母国での洋学教育とつたない語学力では高度な専門分野の研究は困難」であり「西洋文化を根底から理解し西洋学の基礎そのものを究めること」が「開化と富強に資する」要件として認識されたからである。

サトウは富蔵に語ったことだろう。

大英帝国の今日の隆盛は産業革命によるものであって、そのはじまりは十八世紀初頭だが、いまからちょうど百年前の蒸気機関の発明によって飛躍的な発展をもたらした。イギリスのすべての産業形態はこの文明の機械出現で大きく変わった。それだけではなくこの機械を工作した技術、この機械を利用した技術、このすばらしい技術によって政治も経済も社会も変わった。そしてイギリスの工場が生み出した製品がその海運力によって世界に出回っているのだ。いま日本でいちばん遅れているのは、そして最も重視されなければならないのは欧米の最新の技術であり、その技術をもちいた運営である……。

たしかに幕府関係、諸藩関係の留学生に共通する修学状況と成果は先にみたように、「軍事（とくに海軍関係）と理化学・医学などの自然科学の関係領域が圧倒的」であったが、しかし「あらかじめ高度な専門分野や特殊な専攻科目を修業予定とした場合でも、その予備教育の不足から、じっさいは基礎的な普通教育のレベルの留学におわった例が多い」。といって効果がまったくなかったわけではなく、少なくとも西欧世界の紹介者としての役割は果たしているのだが、外国語能力の不足はどうしようもなかったといわれる。

さらに石附氏は留学生たちの共通点として、「国家意識あるいは公に対する献身姿勢」と外国から到来した事物にたいする旺盛な「知的好奇心ないし探求心」をあげておられる。前者について幕末期には「海外留学によって『利己』的動機を充たしうるようなチャンスもシステムもなく、日本を離れて異邦の地に修業の機会と場を求めること自体が利己という私的動機を超えた、公的動機であった」し「孤立的な日本から開かれた独立日本の形成のために、一身の苦難に堪えて、修業の途についた……」のである。彼らも一身をかえりみることなく国家や世のために尽くすという意味で志士であったといわれる。

こうして彼らは「鎖国から開国へ、強兵から富国へと意識転換」し、外から当時の帝国主義的状況をみて「幕藩体制への批判、封建制の否定から国家的次元（又は民族的次元）へ」と姿勢を変えてゆくのである。

なお渡辺氏は幕末における留学促進の要因として次の二点を挙げておられる。「第一は欧米の精神的方面はとるに足らないが、優れている技術技芸の精巧さ、とくに軍事科学を積極的にとり入れたいという日本側の国内要求である。第二は欧米列強がわが国において優位な地位を確保するための対日工作という外的動向である。このような内的と外的の二つの利害がはじめて合致されたのが幕末の留学を促進する基盤」。この第一点をさらに積極的にいえばいわゆる「和魂洋才」であって、精神文化は拒否しようというのである。幕府ものちの明治政府も最もおそれたのが、西欧文明の基礎にある思想と宗教であった。

富蔵にとっての幕藩制ないし封建制意識は、英語習得のために藩を出たとき、あるいはサトウに従ったときにもはや否定されていたと言ってもよいだろう。さらにヨーロッパ文化がつくりあげたサトウという人格のかたわらにあって学び、生活をともにしたこと自体が一種の留学であった。幕末すでに富蔵は外から日本をみることができたのだ。

さきに述べたような基礎語学力の不足は富蔵の場合あてはまらない。もちろん未知の多くの知識や概念、とくに専門分野については渡英後学ばなければならないだろう。しかし他の留学希望者にくらべるとはるかに有利な条件のもとにあったことはたしかである。問題は年令だった。富蔵は急がなければならなかった。まずは知的好奇心を満足させるために、そして間違いなく崩壊する幕藩体制ののちに来る新しい、ただし富蔵の脳裏にぼんやりとしたイメージを抱かせる国家、世界のなかの日本のために。

機会は二年おくれの明治二年はじめに、サトウの賜暇休暇同行という願ってもないかたちで再びおとずれた。

サトウは言ったことだろう。

日本の政治や財政はこれから薩長土肥が中心になってすすめられてゆくだろう。ノグチは会津出身というだけでその分野では不利だろう。国の運営は彼らにまかせてよいのではないか。二六〇年に及ぶ鎖国で日本はあらゆる分野でおくれている。たしかに政治も議会制度をとるのが理想的だが、この点に関して最も熱心だったのは薩摩、土佐、長州だった。しかしもっと重要なことは産業を興すことだ。日本は、私は日本を愛するから言うが、高い価格でわれわれのつくった機械や商品を購入している。しかも日本が輸出できるのは低品質の生糸や茶などの低価格商品しかないではないか。新しい日本をつくり世界に伍してゆくためには新しい技術を学ばねばならない。これまで留学した日本人は軍事分野でのおくれを取り戻すのに急だったが、その分野はひろい技術に支えられているのだ。これからの日本の発展を考えるなら、当面模倣でもよい、わが大英帝国を手本としてまず技術を輸入し産業を興すことから取り組むべきではないか。私がノグチに期待するのはそのことだ。私はできるかぎりの援助を約束しよう……。

サトウの言葉をことさら想像するまでもなく、「日本の文化能力は創造よりも模倣にあるという特質を明確に自覚している」（『特命全権大使米欧回覧実記（四）』久米邦武編・田中彰校注・岩波文庫、解説より。以下引用は『実記』と略す）のは岩倉使節団であった。「我邦古ヘヨリ発明ニ乏シ、而テ能ク他ノ知識ヲ学ヒ取ル」と『実記（四）』本文にいう。

サトウと富蔵が二ヵ月を超える航海ののち世界の都、英京ロンドンの街頭に立ったのはその年の五月初め頃であったろう。イギリスの歴史のなかで、最も輝かしい栄光にみちみちたヴィクトリア朝時代。産業革命によって生産力が飛躍的な発展を遂げ、貿易によって世界の富を集中させ他の列強から羨望の的となっていたこの時代のロンドン。もちろんその光の裏には、地方から流入して都市の底辺にうごめき惨めなギリギリの生活をおくる庶民の群れがあり、資本主義の矛盾が露呈しつつあった。しかし、脇目もふらずただ富国をめざして修業しようとする留学生にとって、勤勉な日本人留学生にとって、そうした光景は怠惰の結果としか日に映らなかったであろう。いや逆にそうであってはならない為に我々は勉学に励まなければならないと思ったことだろう。

富蔵の留学先についてはこれも当然サトウの紹介によるであろうことは想像できる。記録はないがやはりロンドンのユニバーシティ・カレッジ（U・C）であろう。サトウの出身大学であり、幕末の薩長留学生を多く受け入れている実績があるからである。

石附『海外留学史』によれば、このロンドンのU・Cは非国教徒による非宗教性・世俗性を軸として宗教上の理由で就学の差別をせず、中産階級の教育要求に基づいてアーツ・法律・医学の三科を通じての実践的な科学・技術教育を目標とし、通学制で学費もオックスフォードやケンブリッジの十分の一のいわば近代市民大学であった。なお後者は国教徒だけを、しかも貴族・富裕上層階級を対象とし、もっぱら古典主義に基づく教養教育をめざしていた。だから「和魂洋才」を基本姿勢とし、貧乏で技術を求める日本人留学生にとってはロンドンU・Cは最も目的にかない、しかも適切な留学先であったといえる。

平松氏の調査によるとロンドンのU・Cは「アーネスト・サトウの出身大学であり、西郷従道が遊学した大学であるからです。(中略) ただし当時の同大学の学籍簿には、野口の名がないところから、サトウの紹介で同大学に私淑のかたちで在学していたのではなかったかと思われます。(創価大学の北政巳先生の話)」「このカレッジは日本からの留学生が最初に入学するカレッジ (ここで一定期間勉強したのち、それぞれの専門に応じて他の大学にうつる。もちろんそのまま残る場合もあるが) 以下略」として富蔵の留学先を同大学と推測されている。

とくに先述のU・C・L教授アレキサンダー・ウィリアムソンは、当時の日本人留学生の身元引受人で、度量の広い科学者だった。自宅に下宿させ生活作法をも教えたといわれる。

西郷従道と富蔵の出会いについて『由来』は次のように述べている。「西郷従道公等同校ニ遊ブ。同公日本人ノ居ルヲ知リテ驚ク。如何ニシテ渡航シ、学費何所ヨリ給セラレルカ尋ヌ。貴殿ノ如キ有用人ハ日本政府ノ留学生タルベキナリト。同公ノ帰国ト共ニ、我ガ政府留学生トシテ学費ノ支給ヲ受ク」

明治二年（一八六九）三月、富蔵の出発より二ヵ月おくれて政府は山県有朋、西郷従道を「地理・形勢の視察」名目だが実際は「軍事・兵制視察」のためヨーロッパに派遣した。帰国は三年八月で、その間西郷がロンドンの大学で何を学んだのかわからないが、ともかくこの出会いによって富蔵の官費留学生への道が開かれたことになり、その後の進路がほぼ決定づけられることになる。西郷という人格との出会いは富蔵の幸運というほかない。

司馬遼太郎氏はその小説『翔ぶが如く』のなかで「ただ自己を愚人として低く設定し、しかも強烈な使命感をもつとき、利口者を動かしうるようである。西郷従道という男は物事の出来る男が好きであった。そのためたれにそういう能があるかを見抜く能力は卓抜していた。かれの使命感は（後世の人には滑稽感があるかもしれないが）新国家の建設ということである。」と述べている。このとき満二十六才の西郷は新国家建設の「有用人」として富蔵をみたのである。

すでに明治二年四月の布告によって、外国留学希望者は東京外国官、大阪・長崎・函館・兵庫・新潟・神奈川の外国掛り役所へ願い出ることとされていたが、全国的統一規定がなく各県、各藩がそれぞれの立場事情によつて派遣、もしくは許可していた。そしてこの頃から政府は在外留学生の個人調査を行ない、優秀と判定した者には留学生とし留学手当てを支給する意向をもつにいたった（渡辺『海外留学生史』参照）。したがって西郷の「好意」も個人というより政府意向によるものかもしれない。

サトウの援助による私費留学生から官費留学生へ。その裏には新政府の留学生政策があった。文明開化の一環としての西洋留学の奨励であり、その制度化は三年の「海外留学規則」布告にあらわれる。それは天皇制官僚機構の確立をめざし、留学制度の組織化、人材の育成、藩体制の打破を目標としたものであった。以下ふたたび石附『海外留学史』によってその間の事情と富蔵への影響をみることにしよう。

『履歴書』には次のように書かれている。

「明治三年庚午十一月本日未詳　英國留学申付候事　庚午十一月　弁官」

弁官というのは同年十月に英仏学担当（プロシャも含む・主として仏に駐在）として赴任した少弁務使鮫島尚信を指す。彼は『外交官』でみるようにサトウとは旧知であり、当然富蔵も識っていただろう。いずれにせよ八月に帰国した西郷の強力な推薦があったと思われるが、官費留学生への切り替えのためには同年六月の外務省の意見書、正式にはまもなく布告される十二月二十二日付「海外留学規則」の要件をクリアする必要があった。

まず「意見書」では三つの人選基準を設ける。第一は「鋭敏報国の志厚い者」、第二に「皇國古今の史学に略通し漢土経歴をも会得し……英仏二國の内其語学に志し粗訓読対話を会得し居る者」、第三は「年令十七―二十五才に限る」というのである。

次に「規則」も骨子は「意見書」と同じで、さらに整備されたものになったが、ここでは富蔵に関係する要項のみを拾い出してみよう。

一、留学生はすべて大学の管轄下に入る。この点についてはさきに松崎氏が発見された「文部省留学生関係雑纂」のなかの「富蔵学資は当四月中、外生徒一同差立相済申候……辛未（明治四年）七月九日、大学南校、外務省御中」という書簡があってその事実を証明している。明治三年七月開成学校（洋学）は大学南校に、医学校は大学東校にそれぞれ改称されている。いずれものち東京大学になった。

二、留学中の諸事務は在外弁務使が行い、留学生はその指令に服する。この点は『履歴書』にみるとおり。

三、「官選」留学生は年令十六—二十五才、年限は五カ年。ちなみに明治三年六月調査で留学生の年令は十一才から三十四才までで平均二十三才であった。

四、留学生の出身、身分の差別を撤廃する。

五、留学中の専攻学科は政府が指定する場合もあるが原則は本人の希望に任せる。ただし専攻学科はあらかじめ弁務使に申し出ること。

その他、学費・旅費の支給規定、留学生活での心得など。

このうち問題点は第三項で富蔵は明治三年当時二十九才であった。政府として富蔵の官費留学生への切り替えを認めようとすれば、生年を四年遅らせ制限ギリギリの二十五才にくりあげる必要がある。西郷のいう「有用人」が何を意味するのかよくわからないが、おそらく官費留学生の要項のひとつ「稟性誠実敏達ノ者」という性質、「和漢ノ古典史乗等ニ略捗リ且洋学モ一通リ研究シ在留国語学ニ達する者」という学力の点で富蔵を評価し、政策的判断によって『履歴書』の年令繰り上げを鮫島と図ったものと思われる。こうしてサトウに対する「誠実、忠実」、日本での「基礎英語習得」、日新館で培った「和学・漢学」の学力が認められ、同時に『履歴書』の生年についての謎を解くことができるのである。この事実は同時に政府がいかに若く優秀な人材を求めていたかを示している。政府は明治三年六月に八名、十一月と十二月に一名づつ在外留学生を官選留学生に任命してその留学継続を許可した（二年は六名）が、その十一月の該当者が富蔵であった。

ここに市居浩一氏（後出）の発見された『太政類典第一編』の記録がある。日付けは明治三年十一月二十九日、弁官から外務省への留学生学費支給申請書である。対象者は元会津藩野口富蔵・長崎県貫属岩瀬谷亀次郎の二名。「右ハ一昨辰年ヨリ英国留学其以前ヨリ学術進歩候ノ由ニテ爾来一般ノ留学生仝様学費政府ヨリ被下候旨御許決相成候」と外務省から弁官宛の「達し」が記されている。これでみると富蔵の場合まずまず留学の成果があると判断されたのであろう。

石附氏の作成された統計によると、明治三年一六七名、四年二一二名、五年八六名の留学生が日本を出発している。(渡辺氏の作成された留学状況表では、三年六月時点で六十八名、四年九月時点で二八一名、五年三月時点で三五六

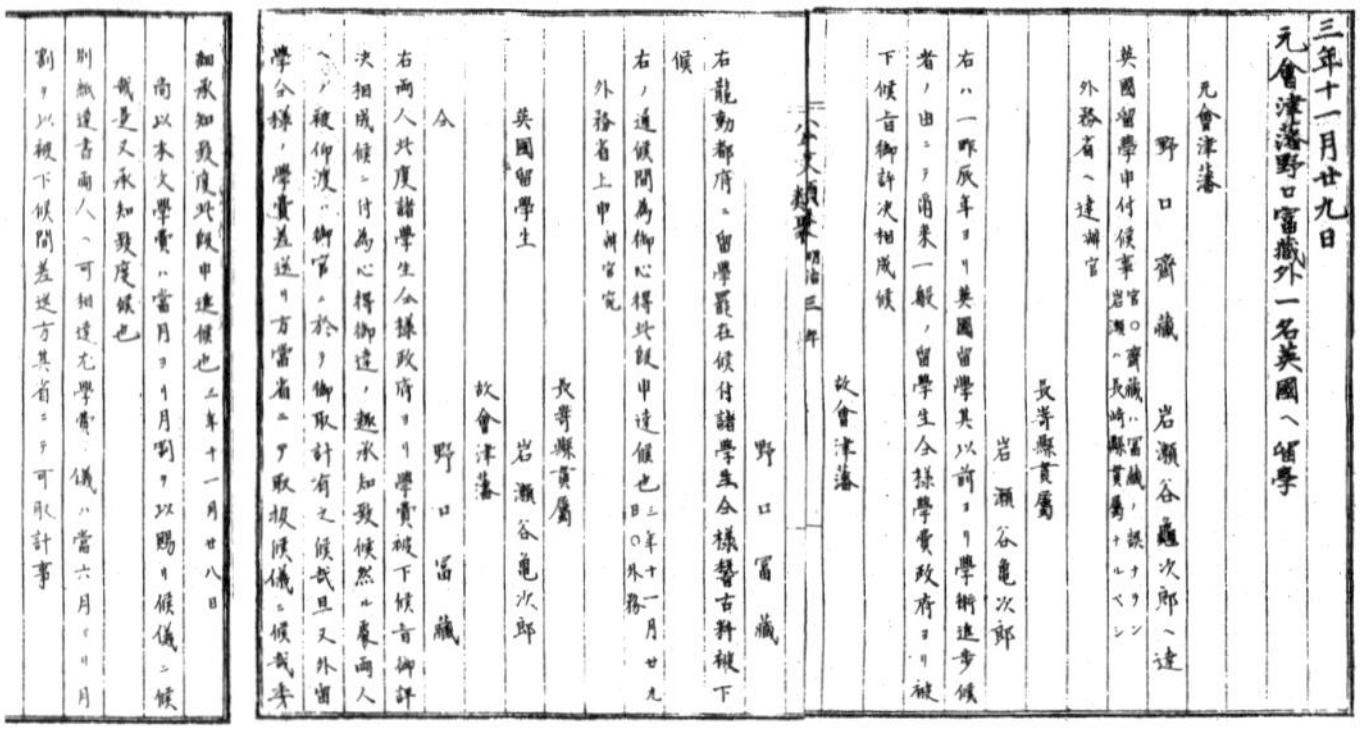
三年十一月廿九日
元會津藩野口富藏外一名英國ヘ留學
元會津藩
野口齋藏　岩瀬谷亀次郎ヘ達
英國留學申付候事　官〇齋藏ハ富藏ノ誤ナラン　岩瀬ハ長崎縣貫屬ナルベシ
外務省ヘ達　辨官
長崎縣貫屬
岩瀬谷亀次郎
右ハ一昨辰年ヨリ英國留學其以前ヨリ學術進歩候者ノ由ニテ爾来一般ノ留學生仝様學費政府ヨリ被下候旨御許決相成候
故會津藩
野口富藏
右龍動都府ニ留學罷在候付諸學生仝様督古料被下候
右ノ通候間為御心得此段申達候也　三年十一月廿九日〇外務
外務省上申　辨官宛
長崎縣貫屬
英國留學生　岩瀬谷亀次郎
故會津藩
仝　野口富藏
右両人此度諸學生仝様政府ヨリ學費被下候旨御許決相成候ニ付為心得御達ノ趣承知致候然ル處両人ヘノ被仰渡ハ御官ニ於テ御取計有之候哉且又外留學仝様ノ學費差送リ方當省ニテ取扱候儀ニ候哉等細承知致度此段申達候也　三年十一月廿八日
尚以本文學費ハ當月ヨリ月割ヲ以賜リ候儀ニ候哉是又承知致度候也
別紙達書両人ヘ可相達尤學費ノ儀ハ當六月ヨリ月割ヲ以被下候間差送方其省ニテ可取計事

太政類典第一編　自慶応三年至明治四年七月　第百十九巻　市居浩一氏提供

名となっており、当然ながら出発時点と在留時点による相違がみられる)。二年がわずか十三名だったから洋行・留学は三年から「流行」になったといえる。しかし富国強兵という国家的見地から当初洋行の積極的推進政策をすすめてきた政府も「洋行の流行、量的な増加は、その半面質的な低下を招き、留学前の教育の不充分さ、選抜における不公正さと玉石混淆を免れず」という実情、加えて財政の圧迫からやがて留学生整理の方向に向かわざるを得ない。

留学生に対する批判の具体例をみよう。

「いたずらに欧化主義をふりまわす皮相的な拝外主義者」(木戸孝允)、生活面からは「放逸を相極め評風不宜候、実に西洋人に対し可恥事に候」(ドイツ留学生・佐藤進・佐倉藩・明治三年一月)、学力面では「浅学不熟」(ロンドン・マクミラン新聞記事・明治五年十月)「ほとんど小中学校に在学する程度で、いまだに大学に修業している者はいない」(アメリカ留学生・五十川基・福山藩・明治四年十二月)「各藩から勝手に留学生をやったので、とかく情実に流れて標準がなかったから成績の悪いものがかなり居た」(アメリカ・山川健次郎・斗南藩・明治五―六年頃)。

もともと会津藩の教育水準は幕末諸藩のなかできわめて高かったといわれるが、西郷の評価は富蔵の思想、学力（とくに語学力）、生活態度がこうした内外の痛烈な批判の外にあったことを示している。

ロンドンにあって過去の百年の出来事がひと月、一日に凝縮されるような急激な日本の変化を耳にしながらも、富蔵はすぐれた語学力をもとに誠実に、サトウの援助と期待に応えるべく忠実に自分の留学目的に向かって歩んでいたことだろう。明治二年五月榎本軍は五稜郭で降伏し戊辰戦争終結、三年五月旧会津松平家斗南藩に移封。斗南藩の状況は不詳だが（二十八万石から三万石へ、実は藩士たちの新たな苦難が始まったといえるのだが）、この報に接したとき富蔵はひとまず胸をなでおろしたに違いない。しかし富蔵の横浜出航直前に発表された薩長土肥四藩主による版籍奉還上表、七月太政官政府の職員令制定とその後の頻繁な組織変更や改廃、その集大成と新しい出発点が四年七月の廃藩置県となってあらわれる。政治だけではない、社会も文化も不安を包み込みながら新しい希望にむけて翔び立とうとしているのだ。そのあわただしい動きを富蔵は「未来」から見ているのである。

ロンドンで富蔵がどこに住まい、どのように生活し、何を学んだかについてははっきりした記録がない。ただ当時の在英留学生たちが機会があるごとに集って、淋しさを紛らわし、日本の情報や勉学情報を交換し合っていたことは充分想像できる。その想像を確証するひとつの資料として松崎氏が高知県立図書館で発掘された『林有造伝』（土佐史談会発行）がある。そのなかの「林翁渡仏日記」に野口の名をみることができる。『幕末・明治海外渡航者総覧』（柏書房、以下引用は『総覧』と略す）によると、この時期イギリス留学生中に「野口」という姓は富蔵以外に見当らない。以下は松崎文夫氏論文『ロッチデールを訪れた二人のサムライ』（協同組合図書資料センター資料集・4・一九九〇・七）による。

明治三年八月、政府はこの年七月にはじまった普仏戦争視察のため、品川弥二郎、大山巌らを渡欧させた。板垣退助もそのメンバーに入っていたが辞退し、かわりに林を推挙、一行は十一月十六日ロンドンに着いた。その後約一ヵ月ロンドンに滞在し、十二月十三日にドーバー海峡を渡り戦争視察に向かい、四年二月二十三日ロンドンに帰着、三月三十日帰国の途についた。

ロンドン滞在中、土佐出身の留学生はじめ多くの留学生が連日林を訪れていることが日記に記されている。その三月十五日の項に「……（午後）七字（時）野口氏来り、談話、十二字（時）に及び帰る」とあって、ふたりは五時間も話し込んでいるのだ。林は帰国後、高知県少参事を経て廃藩置県後同参事、五年十一月外務省出仕、六年の政変で板垣とともに帰郷し、のちの自由民権運動の牙城「土佐立志社」に拠ることになるが、戊辰戦争では北越から越後口に転戦した経歴がある。越後口は富蔵の兄成元が林らの敵として戦ったところでもある。話題は当時の日本の状況のみならず戊辰戦争に及んだのであろう。三月三十日林の帰国出立の日正午過ぎ、富蔵は別れの挨拶のためふたたび訪問した。「一字前馬車に駕しオータルローステイションに至る。音見、松井の両氏はサザンプトン迄送り行くを約せり、ステイションにて南、狛、藤本、野口の四氏に別れを告げ……た」。

『総覧』によると、音見清兵衛（河瀬真孝）は長州藩出身で軍事を学びのち工部少輔、南貞助も長州藩士で財政金融を学び、狛林之助は福井藩士で帰国後工部省鉱山寮六等出仕、藤本磐造は長州藩士でＵ・Ｃに学び帰国後工部省長崎造船所出仕、松井は土佐藩の松井周助を指すがその名は『総覧』では見当らない。その他「日記」には真辺戒作、松井正水、馬場辰猪、深尾貝作、國沢新九郎、古沢滋ら土佐藩留学生の名と、有地（品之允・長州）、池田（梁蔵・長州）、松村（淳蔵＝市来勘十郎・薩摩）、中島（信行・土佐）、陸奥（宗光・紀州）の名がみえる。

渡辺氏は京都大学文学部古文書室所蔵の『吉田清成文書』によって、明治四年九月時点で英国には官費（国費）五十八名、県費四十一名、私費八名の留学生がいたことをあきらかにされ、そのなかに東郷平八郎や菊地大麓とならんで、元会津藩野口富蔵の名をみつけておられる。

ロンドンにおける日本人留学生社会。彼らは国事を語らい、故郷に想いを馳せ、日本からの情報に飢え、新来者があると最新の情報を聞き出すために集まる。また彼らは海外における日本の「耳目」として、国益のために情報を伝える。たとえば、のちのことになるが明治五年六月岩倉使節団がワシントンに滞在していたとき、イギリス日本人学生会は代表尾崎三良（京都出身）らをおくり、最恵国待遇約款のゆえにその単独対米改約交渉の断じて不可なることを具申している。しかしこの時点でのもっとも大きな関心事は、廃藩置県を前に自分たちを送り出した藩がどうなるのかということであっただろう。直截にいえば彼らの留学生としての生活がいつまで続けられるのか。晴天の日が少なく、テームズ川の霧にじめじめした下宿屋の暗い部屋で孤独と不安にさいなまれながら、一方では彼らの間の競争意識で自己を奮い立たせ、帰国後の輝かしい地位を夢みながら留学生活を続けるのである。

　富蔵の場合はまだ恵まれていた。官費留学生に切り替えという点では他の藩からの一部留学生と同じであったし、また学費の乏しさと生活の苦しさは共通していたが、最初の一年間とはいえロンドンでの生活に慣れるまで、長年労苦を共にしたサトウと同じ空の下にいるという支えがあった。安心感があった。ときにはサトウに会いにでかけ、彼の父や家族と団欒を楽しむこともあった。しかし書物を抱えて灰色に濁った街を歩くとき、その霧のなかに本国にいる結婚したばかりの妻くらの白い顔が浮かび、また会津天寧寺町の静かなたたずまいや磐梯山、猪苗代湖の美しい風景が目の前に現われる。そのたびごとに富蔵は急いで想いを拭い去り、忠実に学業の思念に立ち戻るのであった。

七、岩倉使節団

官費留学生に切り替えられた富蔵の次の転機は、明治四年十一月十日横浜を出発した岩倉使節団によってもたらされることになる。

この間の事情はやはり石附『海外留学史』と渡辺『海外留学生史』を参考にしよう。

使節団の直接の目的は安政の不平等条約改正にあったが、本質は近代西欧文明＝各国の政治・教育・兵備の調査視察であった。そして達成すべき具体的目標のひとつに在外留学中の官費留学生の現状調査があり、事実、調査にもとづいていくつかの提案を在外中に行うことになる。

出発前の十一月四日、「一行に対する勅語」が下された。そのなかに「……各國ニ官費ヲ以テ留学スル生徒ノ分科修業ヲ検査按定シ失行無頼ノモノハ帰國ヲ申渡ス

岩倉使節団の一行
（『画報日本近代の歴史3』日本近代史研究会編より転載）

べシ但留学生徒ノ費用ヲ裁省シ其方〔法〕ヲ検定スベシ」という箇所がある。

整理の方針はもともと財政難に悩む井上馨大蔵大輔（四年七月）から提案されたものだった。廃藩によって政府は藩負担の留学生費用を肩代わりした。大蔵省は十一月、各国弁務使に毎月の学業成績を検査し成果のあがらない者には帰国させるよう命じたが、井上は五年二月ふたたび整理を進言している。当時官費生二三〇名余、うち旧藩派遣一〇〇名、総費用四一万四千円、実に文部省予算一二二万円の約三分の一にのぼる状況からみれば当然であろう。ただし井上は「工芸技術」の分野を優先、実業的な学問、殖産興業に役立つ修業を強調する。その分野を具体的にいえば、鉱山、製鉄、造船、建築、諸製作（工部少丞肥田浜五郎提出）を指すのだろう。

留学生に関する大蔵省から使節団への要望は次のとおりである。

留学国の著名で徳望のある人物と弁務使、学資を預かる銀行とで留学生監督役を任命、監督役は留学生の教官と連絡し監督役の定めたカリキュラムを受けさせ、毎月の勤怠と進学の状況を報告させる。留学生が留学国に到着すれば弁務使に申し出、監督役の指示により学校や塾への紹介状を提出する。学資は教官の報告にもとづき監督役より毎月交付する。留学を命ずるときは実際の研究と習熟によって何れかの学科の用に適するようにすること、目標とする主要学科以外に勝手に学科を転ずるものは勤怠の別なく帰国させること、監督役は毎月生徒の功課状の事実を検査して劣等者は帰国させること。以上、監督の強化と専修学科習熟に限定することに主眼がおかれている。(この項渡辺『海外留学生史』による)。

続いて五年八月文部省は「新学制」発布、その理念は身分・階層・西日本出身者中心の地域偏差をなくすことにあった。同時に官費生学資はすべて大学から文部省の出費に変更になったものの、予算不足のため大幅な淘汰が必要であった。九月二十五日文部省は各国の弁務使宛に「学制」にもとづいて在留の官費留学生を整理するよう命じている。その内容は、「専門科に在学の者を初等留学生とみなしてそのまま留学修業を認めるが中等普通科〔中等科でも実業・技術関係は除外された〕以下の課程に在学中の者はすべて帰国させること」というものであった。つまり文部省としては「専門科」留学だけに限定しようとしたのである。ところが現実には政府の期待するそのレベルに該当する者はきわめて少なく、さらに財政危機と留学生の学業不振という結果から、ついに六年十二月には官費留学生全廃を布達することになる。ちなみに初等留学生の学資は、初めの二年間は年間九〇〇ドル、あと三年間は一〇〇〇ドル（一ドル＝一円）であった。上等（大卒）でない富蔵もこの学資を与えられていたのであろう。

ところで岩倉使節団がアメリカを経てイギリスに着き、ロンドンに留まったのは明治五年七月十四日から同年十一月十六日までで、その間七月二十一日フランスから来英した山田顕義、西園寺公望、駐独弁務公使鮫島尚信、寺島宗則を交え留学生問題について協議しており、さらに八月、十月にも協議を重ねている。『由来』によれば「野口富蔵ナル者、外国ノ事情ニ精通シ、語学達者ナリトナシ、日本政府ノ命ニヨリ一行ノ道案内ヲ命ゼラレ」ているが、使節団は精力的に各種施設や工場を「回覧」し、その多忙な時間を割いて留学実態を調査したようだ。使節団一行には幾人かの通訳が随行していたが広範な視察には充分ではなく、各国留学中のとくに語学・人物・識見のすぐれた学生を動員し通訳案内させている。これは学生の実力を直接知る機会でもあっただろう。こうして留学生の生活、学業状況を調査し、留学生規則の一層の整備の基礎材料としたのである。そして離英直前の十一月伊藤博文副使は留守政府の大隈参議、大木文部卿、井上大蔵大輔宛、整理と減員の必要性、管理の強化を具申している。要は「合理的かつ能率的な留学」をめざし、「一業一科ヲ専習」させようとするものであった。

岩倉使節団は調査・視察とともに即断即決の実行集団であった。調査のためには現地の留学生をフルに活用し、「重要問題への調査と日本で具体化するための立案の決断を使節団首脳がいち早く現地で下している」(『「脱亜」の明治維新』田中彰・NHKブックス)のだが、その実行力と性急さは富蔵の場合にもはっきりあらわれている。

『履歴書』をみよう。

「官費留学生野口富蔵　工部理事官ノ差図ヲ受絹製造取調可申候事　但御用中御賄下賜候事　壬申（註・明治五年）八月朔日　特命全権大使」

工部理事官とは使節団の造船頭肥田為良、特命全権大使は右大臣岩倉具視である。

「野口富蔵　右絹製〔造〕取調トシテリオン及イタリーニ罷越筈之処病気ニテ出足及遅緩兼テ申渡置候時限ニテハ難相済旨ニ付改暦二月中ニ研究為相済候様改テ相違候間右期限発航帰朝可有之候事　明治六年正月　特命全権大副使」

使節団は在英日本人留学生をあつめて、それぞれの修学目標を報告させたものと思われる。その結果富蔵は八月一日、使節団から絹製品の製造研究という課題を与えられ、ついでフランスのリヨンとイタリアへ出張を命ぜられたが、病気のため決められた期限には間にあわず、改めて六年の二月中に研究を済ませて帰国せよというのである。大副使とは参議木戸孝允、大蔵卿大久保利通、工部大輔伊藤博文、外務少輔山口尚芳を指すが、内容と担当からみて木戸、または伊藤のことであろう。

なお改暦とは明治五年十二月三日をもって太陽暦を採用し、この日を六年一月一日としたことを示す。以下富蔵の「絹製造取調」の事情をみよう。

ランカシャー州ロッチデール。

さきに述べたように産業革命は華々しい発展の影として深刻な社会問題、労働問題をひきおこした。一八四四年この町の織物工たちは生活自衛のために消費組合をつくった。その後消費組合＝協同組合運動は「ロッチデールの原則」を手本にしながら、ヨーロッパから全世界に拡がってゆく。協同組合運動研究家の松崎氏はこの「協同組合のメッカ」、ロッチデール公正先駆者組合（現在のToad Lane Museum）の来訪者名簿のなかで、ふたりの日本人署名を発見された。組合を訪れた最初の日本人である。

1872. OCT14

Commissioners From Japan

日本　野口富蔵　Tomizo Noguchi

松井周助　S.S Matsuiy

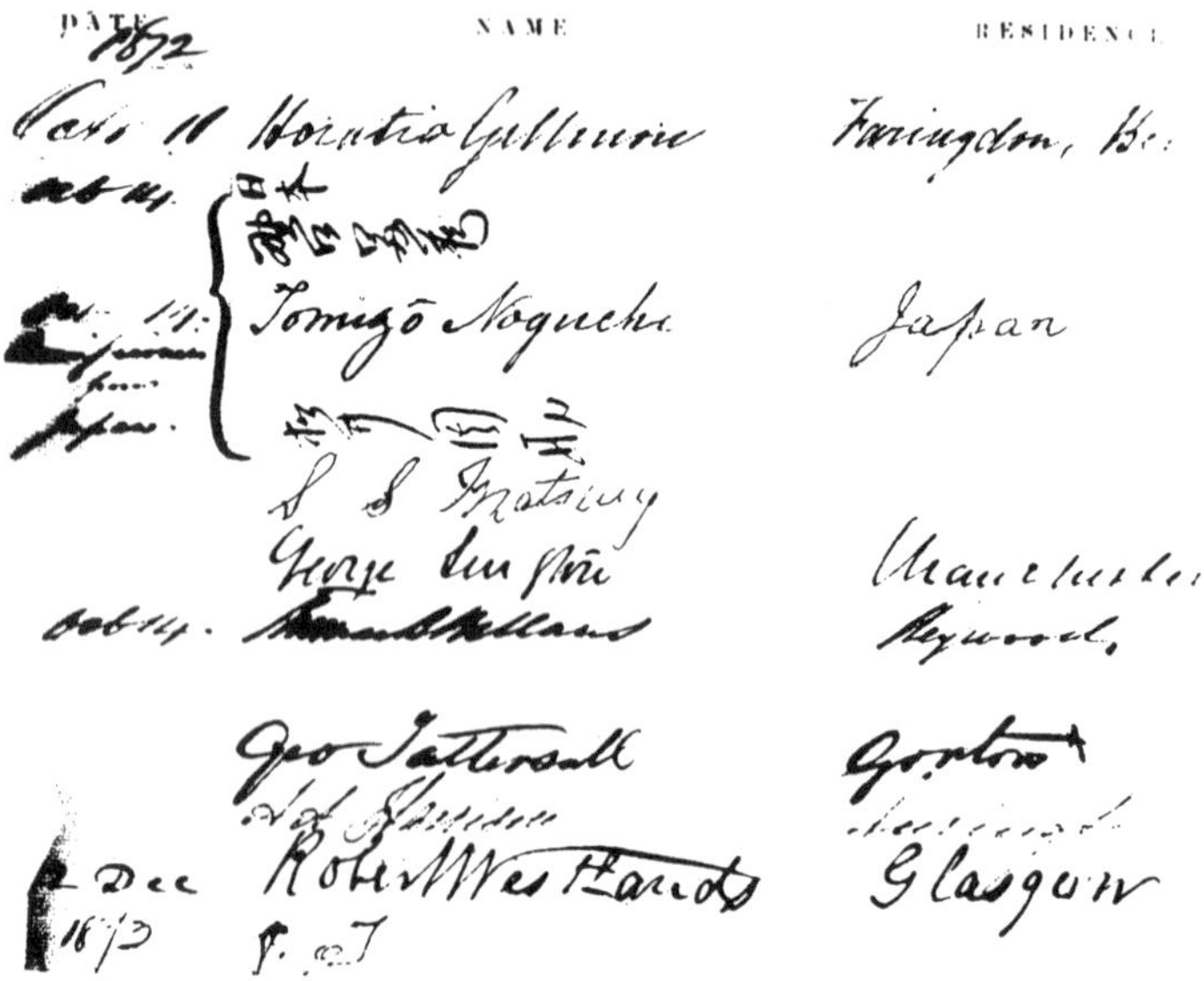

野口富蔵と松井周助のサイン
松崎文夫著「ロッチデールを訪れた二人のサムライ」から転載

同行の松井周助は土佐藩出身の留学生。慶応三年七月長崎での英艦イカスル号水兵斬殺事件でパークスとサトウは当初犯人は土佐藩士とにらみ、土佐藩を訪れ、山内容堂や後藤象二郎に会い、犯人特定のため長崎へ向う。出張した同藩佐々木三四郎の日記によれば、藩船夕顔に乗船したのは、サトウ、会津人野口某、坂本龍馬、岡田俊太郎等と記すが松井周助も同乗していたから富蔵とは旧知であった。もっとも、当時の留学生名簿にはなく、松崎氏は堺事件の賠償金支払問題での渡欧という説に賛意しておられる。

富蔵の公正先駆者組合訪問はそれ自体が目的でないことは明らかだろう。少なくとも八月以降、富蔵の研究課題は絹製造であったからであり、事実帰国後の富蔵の履歴に協同組合活動に関する事項はみられない。では当時ロッチデールに絹製造あるいは絹織物工場があったのだろうか。岩倉使節団は八月二十七日にロンドンを出発し、リバプール、マンチェスター、グラスゴー等々の主要都市の主として産業を視察、十月九日帰着しているが、『実記（二）』によってもロッチデールに関する記事はない。マンチェスターから僅か十八キロメートルの距離にあるロッチデールにも当時の先端紡績工場があったといわれるが、視察日程の関係上訪問できず、ロンドンに帰着五日後あわただしく富蔵らを派遣して調査・報告させたのではないだろうか。次に述べるように彼らはすでにミットラント村でイギリスの絹織場を視察済みである。しかしロッチデールには新しくみるべきものなしとの報告をうけ、近年絹織物が盛んになったフランスのリヨンとイタリアに目を向けたとも考えられる。もし回覧できなかった使節団が富蔵、周助を残して紡績関係の視察を命じていたとしたら、『実記』のなかに何らかの痕跡をみることができるはずである。

もともとイギリスが貿易で他を圧したのは綿製品であった。『実記（二）』は次のように述べる。英国の富は鉄と石炭の莫大な産出にもとづいている。これによって蒸気機械、汽船、鉄道を発明し、「紡織ト航海ノ利権ヲ専有シテ、世界ニ雄視横行スル國」になった。「其製作ノ利ハ、紡織ニアリ、第一ヲ綿花ノ紡織トス」、次は「羊毛ノ紡織」、次いで「麻ノ紡織」、「近年絹織ノ業モ亦興レリ……」として各繊維ごとの紡織工場数、紡錘数、織機数、従事する職人数を綿密に記載しているが、ここでは比較のために職人数を挙げてみよう。ほかの数字もほぼ同じ割合である。綿花約四十五万人、羊毛約二十三万五千人、麻約二万二千人、絹約四万人で綿紡が圧倒的に多く、しかもその八分の七は輸出にあてられている。絹紡織はイギリスでは新興産業だったのだろう。使節団はヨークシャ州ミットトラント村の絹織場を視察した。「英国ニ蚕桑ヲ生セス、此場ニテ製造ニ供スル所ハ、支那日本ヨリ仕入タル、屑繭、屑糸等、用ヲナササルモノヲ梱輸シ、器械ヲ以テ、弾シ紡シ、竟ニ細美ノ糸トナシテ、絹ヲ織出ス、……紡絹ニ至リテ、機巧絶倫ナリ……絹糸ノ西洋ニ貴重セラルル甚タシ、近年仏、以、澳、西、及ヒ米国ニテ、蚕糸ノ業ヲ興シ、駸駸トシテ盛多ナレトモ、猶高貴ナル価ヲ有セリ……」。このとき彼らの脳裏には日本の主要な輸出品生糸があった。生糸、蚕種（蚕卵紙）、屑糸、繭などの蚕業関係商品は明治元年で輸出総価額の八十四パーセントをしめ、とくにこの頃ヨーロッパにおける蚕病の蔓延によって明治六年にいたるまで蚕種輸出は茶と匹敵する額になっていた。

富国の材料がここにある。英国は屑繭や屑糸さえ利用しているのだ。欧州のどの国もこの分野では新興国であるのに日本では伝統がある。だが残念ながら欧州やシナ（中国）よりも品質の劣る「屑繭、屑糸」なのだ。今後さらに高品質・高価格とされるフランスやイタリアの生産状況、特にすすんでいるとされる蚕病対策方法も調べておく必要がある……。

事実、使節団は年を越えて六年五月ローマを訪れた際、養蚕場・製糸場を見学し、七月にはフランスのリヨンに立ち寄り生糸改会所と絹織場でビロードの製造を視察している。当時フランスが絹織物の先進国であったことは、明治五年西陣から佐倉、井上、吉田の三名の技術者をフランスに派遣して新織法を習得させていること、六年フランス、オーストリアからジャガード、バッタン機を輸入していることからも明らかであろう。

絹産業にとどまらず使節団の紡糸紡織の工場制生産への関心は高かった。マンチェスターでは紡綿場、綿布織物場、グラスゴーでは紡織機製造場、エデンホルクでは紐釦製造場、ニューカッスルのガアンイルス邑ではラシャ製造場、プラットホールトのソルテヤ村ではアルパカ紡綿場、ミットラント村の絹織場、コヴェントリー府では綿糸によるレース紡織場と織絹（文錦）場を視察している。すでに最初のマンチェスターの紡綿場の見学に際して、「此の紡糸業は機械さえ購入すれば雑作なく起す事の出来るものと内心に感じたのである。……木戸副使が……内心は早晩我が日本にも此の業を起そうとの考え」（『実記』・校注、久米邦武「回顧録」）をもっていた。アメリカのボストンで、そしてイギリスでの「回覧」を通じて彼らは「國ノ利益ヲ生スルニ、最モ重ナル工業ハ、紡織ヲ第一トスルベシ」（『実記（五）』）との考えを信念にまでたかめていたのである。

富蔵がこの行程のすべてに通訳兼案内役として加わっていたかどうかはさだかでない。しかし『履歴書』の明治九年十二月二十三日の記述をみれば、少なくとも紡糸紡織関係についてはその可能性はたかいといえるだろう。使節団も効率を考えて目的別に担当して各地を視察しているからだ。

「大阪砲兵支廠出仕　野口富蔵　其方事先年欧州留学中取集候織物裂並生糸染糸及釵釦等都合三千八百十種此度当府エ献納候処右ハ悉皆各國之製品ニテ其精巧文彩ヲ熟閲セハ管下織工之者ハ勿論一般之勧奨国産興隆之基本共相成実ニ方今必需之要品献納候段神妙之至ニ候依テ為其賞銀盃壱個下賜候事　明治九年十二月二三日　京都府」（同年二月から五月まで富蔵は大阪砲兵支廠に出仕していた）。

後述するように転々とする任職、そのなかで富蔵は留学中に蒐集した彼の修学総決算ともいえる「努力の結晶」を、京都府に献納したのである。これには木戸の指示があったかも知れないが、西陣織や丹後縮緬など絹織物の復興を「殖産興業」の主要な要素にしようとしていた京都府にとつて、これは意義ある貢献であり、のち富蔵の京都府出仕につながってゆく。

話をロッチデールに戻そう。公正先駆者組合で富蔵はコミッショナーの肩書きで署名している。松崎氏は富蔵は正式にはまだ留学生だから見学の便宜上「政府委員」と訳してもよいが、実質は「嘱託員」程度の意味と解すべきだろうとされる。訪問も好奇心から「ついでに」立ち寄ったか、何か参考になるものがないか程度の軽い気持ちで、とくに深い目的をもったものではなかったようである。なお松井周助は『林有造伝』のなかの「日記」中に頻出し、これまで参考にした松崎氏の論文に詳しいが、それによると松井も富蔵と同じく協同組合活動には無関係だったようだ。

いずれにしても以上の『履歴書』の内容から富蔵の場合、その「分科修業」、「一業一科専習」の方向が紡績関係であったと断定してもよい。ただしその方向決定の時期が『由来』がいうように「同一行帰国ニ際シ、岩倉公ヨリ日本ノ機業未ダ幼稚ナリ、コノ方面ノ研究ヲ遂ゲ帰国セラレタシ」と命ぜられたときとするのは疑問があるし、またこのとき「(岩倉公の)希望ニ従ヒ、向フ三ケ年残って研究シ」というのは『履歴書』にあるようにあきらかに間違いである。三千八百余種にのぼるサンプルの蒐集にはかなりの時間がかかったと思われ、むしろ使節団の訪英以前からの「研究」実績が認められて「一行ノ道案内ヲ命ゼラレ、首尾能ク相務メ」(『由来』)ることができたのであろう。そしてその方向決定は富蔵をよく識るサトウの示唆、あるいは官費留学生切り替えのときの弁務使との協議または指示によったと思われる。弁務使はサトウを通じて面識のある鮫島尚信であった。

しかし「三ケ年」はともかくリヨン・イタリアでの「絹製造調査」のほかに、使節団の離英後も富蔵には残された仕事があったようだ。『実記』は「機械の仕組みや工作過程が実に順序正しく、かつ的確に書かれている」が、それも限界があった。「①工場主が秘して示さないところがある。②工場内の人びとも分業のため他の部分はよくわからない。③工場内の騒音で説明がよく聞きとれない。④略。⑤時間内に詳しく見学する余裕がない。⑥ヨーロッパの習慣として解説は順序を立ててするので倉皇の間に要約を聞くのはむずかしい。⑦技術に通じないものはよくわからないところがある」（田中前掲書・『実記』例言より）。そのため技術と語学に長じた富蔵らが「回覧」の不備を補い、確認するため再調査する必要があったと想像されるからである。

ここで先に掲げた六年正月の特命全権大副使の指示をふりかえってみよう。このなかのリヨンおよびイタリア派遣への発令時期は不明だが、ロッチデールを訪れた十月十四日以降、使節団がロンドンを発ってパリに到着した十一月十六日までの間であろう。しかし「病気ニテ出足ニ及ビ遅緩」していたため改暦正月、使節団は富蔵をパリに呼び寄せ、あらためて督促、期限付命令を与えたものと思われる。

この時期、富蔵の在パリを証明する資料を発見されたのは市居氏である。氏はその論文「アーネスト・サトウの私的秘書会津人野口富蔵の生涯」（『霊山歴史館紀要第12号』に収録）のなかで、成島柳北の『航西日乗』明治六年一月九日の条を引用されている。

柳北は旧幕府の儒者で、のち朝野新聞社長、このとき東本願寺法台の欧州旅行に随行しパリにいた。

「一月九日　ロールビロンホテルニ過ギ、米田桂次、西村勝郎、野口某ト共ニ拿破侖《ナポレオン》第一世帝ノ廟ヲ拝ス。」

この時期のヨーロッパに富蔵以外の野口姓は見当らない。米田は慶応三年、サトウ一行が七尾から大坂に向う途中、草津で経路変更を求め、その件で富蔵と面識があり、サトウが「大変上手に英語をしゃべる」（『外交官』下三三頁）と評していた人物である。市居氏によると鉱石学研究のため渡欧中だったとされる。また西村は佐野藩出身で製靴・製革事業視察のために自費渡航していたが、いずれも富蔵の目的とは関係なく、たまたま同宿していたのだろう。このロールビロンはパリを訪れた日本人がよく利用したホテルだったようだ。（高崎正風は「ロールビロルーホテル」といっている。）

こうして富蔵の「絹製造取調べ」の地がフランスにうつったことは確かである。

『履歴書』をみよう。

「英國留学生　野口富蔵　大蔵省十三等出仕心得ヲ以同省派出渋澤喜作ニ附属製糸方法取調可申事
明治六年三月二十六日　特命全権大使」

この命を発した岩倉使節団はこのときベルリンに滞在中、二日後の二十八日には同地を出発してセントペテルブルグに向かう。一月以降富蔵はフランス、とくにリオンを拠点に「取調」に励んでいたのだろう。

市居氏の友人吉永武弘氏は市居氏と同じく日本英学史学会会員で、また仏学史学会にも所属しておられる在野の研究家である。氏は島地黙雷（浄土真宗西本願寺派の僧、明治初年政教分離・信仰の自由を主張）の『航西日策』の明治六年二月二十四日付け

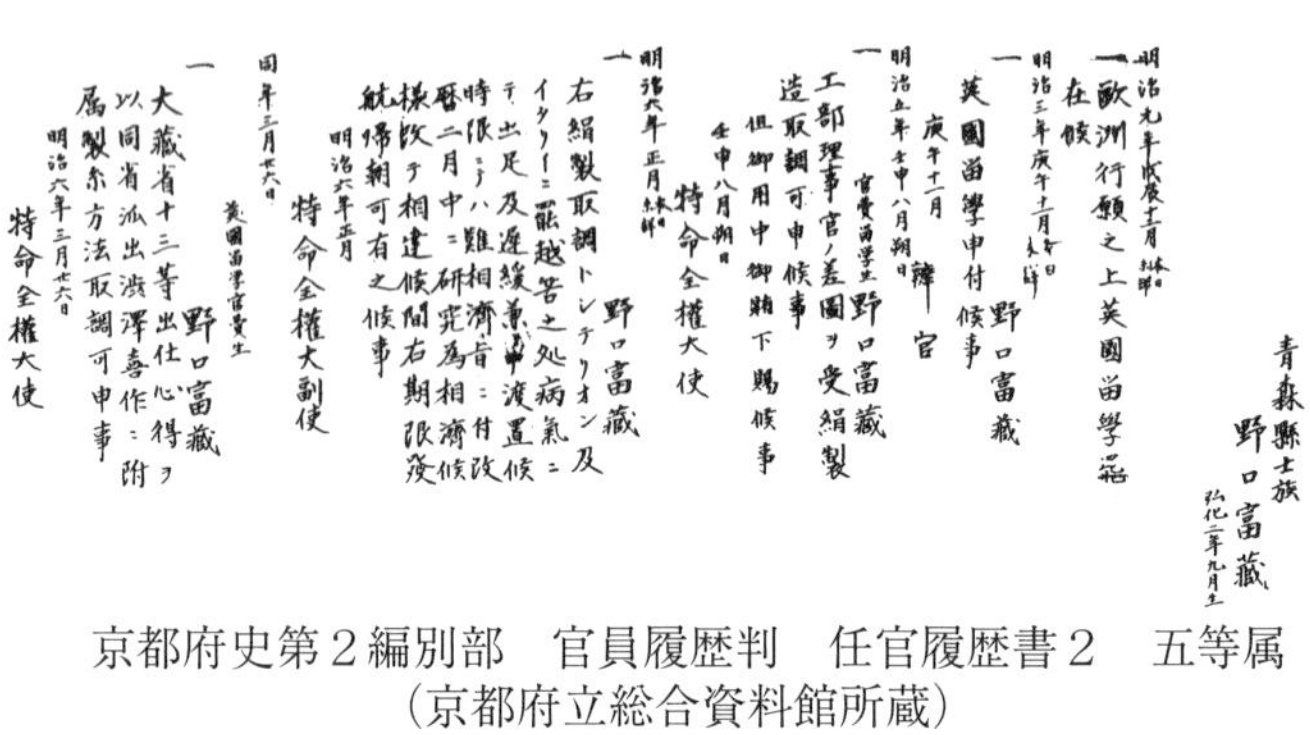
青森縣士族
野口富藏
弘化二年九月生
一 明治元年戊辰十二月
一 歐洲行願之上英國留學爲在候
一 明治三年庚午十二月
英國留學申付候事
野口富藏
庚午十一月
一 明治五年壬申八月朔日
辭官
官費留學生 野口富藏
一 工部理事官ノ差圖ヲ受絹製造取調可申候事
但御用中御賄下賜候事
壬申八月朔日
特命全權大使
一 明治六年正月
右絹製取調トシテリオン及イタリーニ罷越居之処病氣ニテ出足及遅緩兼テ申渡置候時限ニテハ難相濟旨ニ付改暦二月中ニ研究爲相濟候様改テ相達候間右期限發航歸朝可有之候事
野口富藏
明治六年正月
特命全權大副使
同年三月廿六日
英國留學官費生
一 大藏省十三等出仕心得ヲ以同省派出澁澤喜作ニ附屬製糸方法取調可申事
野口富藏
明治六年三月廿六日
特命全權大使

京都府史第２編別部　官員履歴判　任官履歴書２　五等属
（京都府立総合資料館所蔵）

日記を紹介されている。黙雷は前年三月に入欧、パリ・リヨン・イタリア・ドイツを往来し、この日イギリスから三度目のパリ入りを果たしている。

「朝十時半着仏、ロールド・ピロンホテルに泊る。公使館及福地（源一郎）、藤原、西岡、高崎（正風）等を訪ふ。高崎と夜食す。野口旅舎に在り。（以下略）」

翌二十五日パリを出立、「晩八時四十五分仏巴梨発、見送者は池田、西岡、鈴木、野口、鳴嶋（成島柳北）なり。」

黙雷はパリを出立して三日目の二月二十八日、イタリアのミラン着、午後十時半ホテル・ド・ミランに入り、ここに宿泊する日本人の名を記している。「中山、三輪、田中、渋澤、ほか数名」で、渋澤はもちろん租税寮七等出仕渋澤喜作であろう。

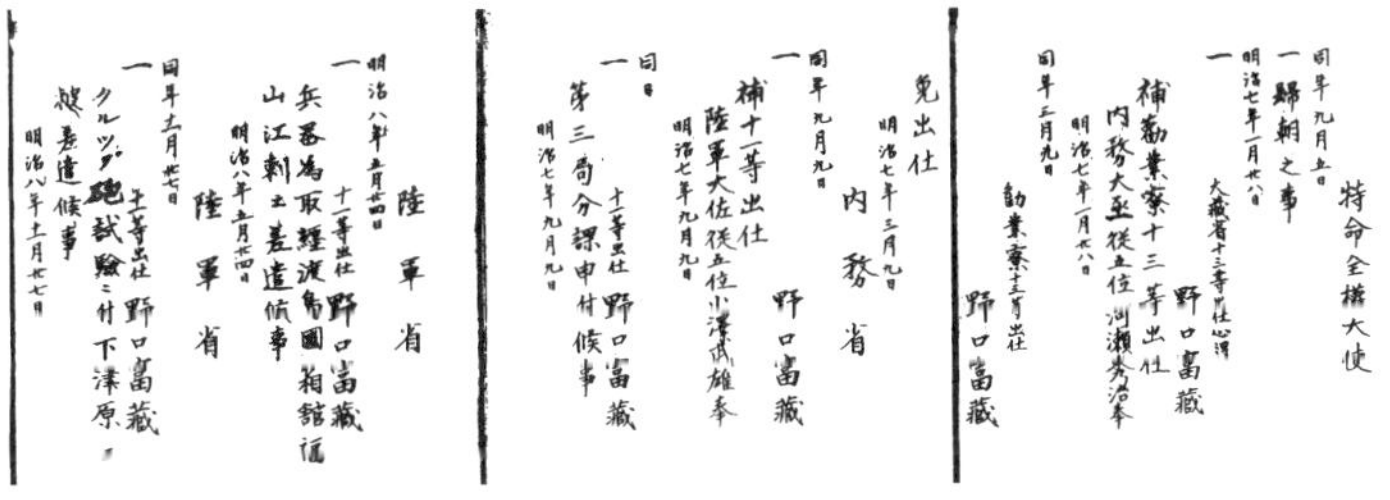

特命全権大使
同年九月五日
一 帰朝之事
明治七年一月廿八日
一 大蔵省十三等出仕心得 野口富蔵
補勧業寮十三等出仕
内務大丞従五位 河瀬秀治奉
明治七年一月廿八日
同年三月九日
勧業寮十三等出仕 野口富蔵

免出仕
明治七年三月九日
内務省
同年九月九日
一 補十一等出仕 野口富蔵
陸軍大佐従五位小澤武雄奉
明治七年九月九日
一 同日
十一等出仕 野口富蔵
第三局分課申付候事
明治七年九月九日

陸軍省
一 明治八年五月廿四日
十一等出仕 野口富蔵
兵器為取調渡島國箱館福
山江刺ニ差遣候事
明治八年五月廿四日
陸軍省
一 同年十一月廿七日
十一等出仕 野口富蔵
クルップ砲試験ニ付下津原ヘ
被差遣候事
明治八年十一月廿七日

渋澤喜作がパリに姿をみせたのは、三月六日。『航西日乗』の同日条は「グランドホテルニ過ギ、渋澤誠一（註・喜作の通称）、中島才吉両氏ニ面ス。両氏ハ伊太利ヨリ来タリ、……」と記し、八日条にも「ロールビロンニ赴キ、渋澤、中島二子ニ面」会している。

渋澤栄一の従兄喜作は戊辰戦争では彰義隊に加わり、また榎本武揚にしたがい箱館五陵郭に官軍と戦って捕えられ陸軍糾問所に入った。明治四年ゆるされて大蔵省租税寮七等出仕、翌五年冬蚕糸業調査のためイタリアに派遣されている。中島才吉については不詳だが通訳だったかもしれない。

ともあれこれまでフランス・イタリアの両地で別々に調査していたふたりは、三月二十六日から行動をともにすることになった。

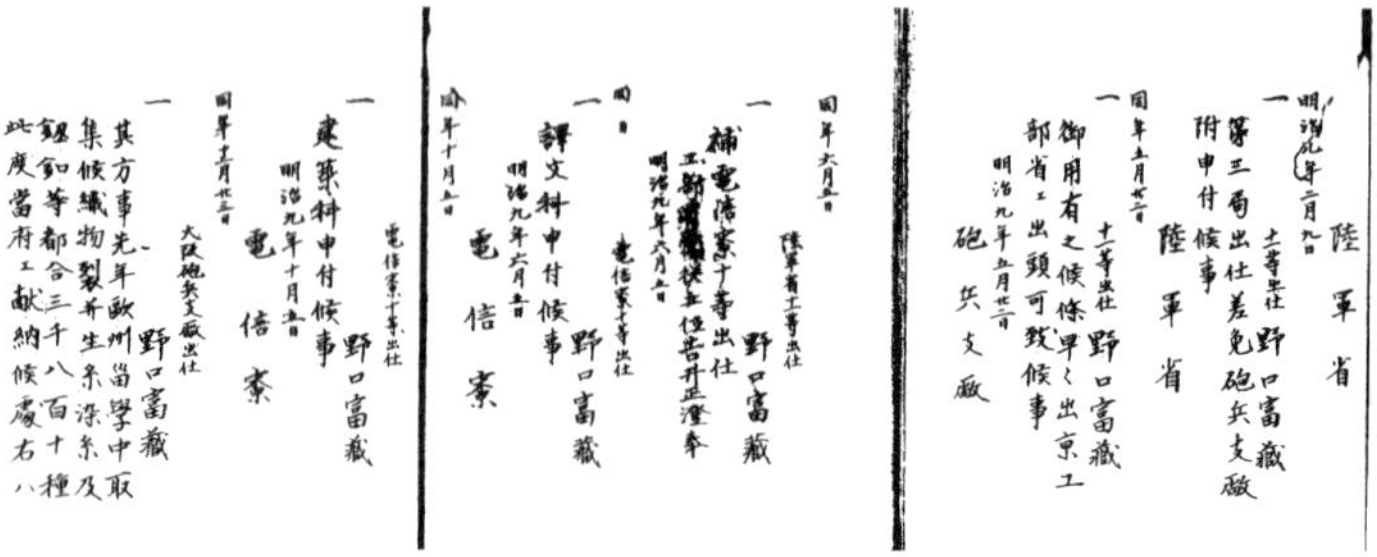
陸軍省
一 明治九年二月九日 十等出仕 野口富藏
第三局出仕差免砲兵支廠附申付候事
陸軍省
一 同年五月廿二日 十等出仕 野口富藏
御用有之候條早々出京工部省エ出頭可致候事
明治九年五月廿二日
砲兵支廠
一 同年六月五日 陸軍省十等出仕 野口富藏
補電信寮十等出仕
[illegible]
明治九年六月五日
同日 電信寮十等出仕 野口富藏
一 譯文料申付候事
明治九年六月五日
電信寮
一 同年十月五日 電信寮十等出仕 野口富藏
建築料申付候事
明治九年十月五日
電信寮
一 同年十二月廿三日 大阪砲兵支廠出仕 野口富藏
其方事先年欧州留学中取集候織物製并生糸染糸及錦釦等都合三千八百十種此度当府エ献納候處右ハ

五月以降、ふたりの名を『木戸孝允日記』のなかで発見されたのはやはり市居氏である。この頃木戸は使節団一行とは別行動をとっている。

「五月十七日……ミランホテルドラベルに着す。室は二十六番なり。此処のステーション□にて渋澤喜作野口□□等に会せり。」（註・□は空白部分だがあとの二文字は「富蔵」であろう）

「同二十日……六時過出宿発此地渋澤野口等送り来る……」（註・木戸はスイスのジュネーブに向かう）

日付は逆になったが十九日の記事も渋澤野口に関する内容と思われる。

「同十九日　晴又雨十字過より渋澤野村《ママ》の案内にて諸子とコモに至るミランより二十八里と云チーンメルスコンメル□□□□の誘引にてカペレーター之養蚕所（以下

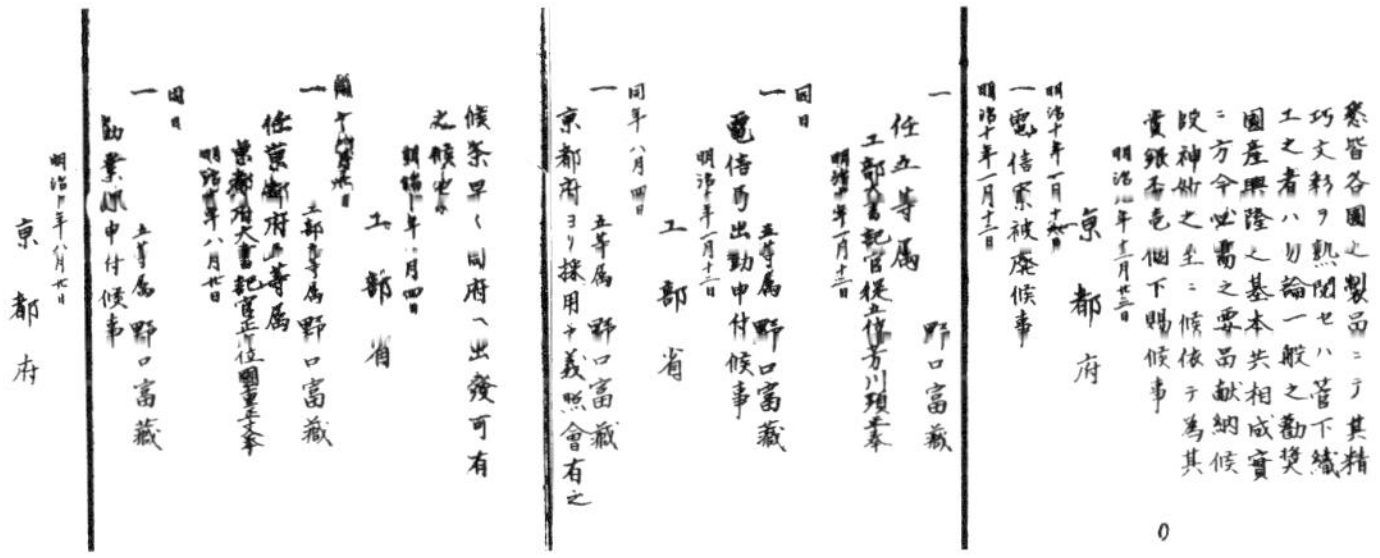
蚕皆各國之製品ニテ其精巧文彩ヲ熟閲セハ啻下織工之者ハ勿論一般之勧奨國産興隆之基本共相成實ニ方今必需之要品献納候段神妙之至ニ候依テ為其
京都府

一　任五等属
工部省
野口富蔵

一　同日
電信局出勤申付候事
五等属　野口富蔵
工部省

一　同年八月四日
五等属　野口富蔵
京都府ヨリ採用ナ義照會有之
候条早々同府ヘ出發可有之候也
工部省

五等属　野口富蔵
任京都府五等属

一　同日
勧業課中付候事
五等属　野口富蔵
京都府

割書・皆本邦の種を用ゆ）カスラモノビレーの製糸所（以下割書・皆器械にて糸を製せり女子百余人歌を謡ひ糸を製するの様恰似本邦）チリアニーはゾラの織物場に至る（以下割書・器械と手織と二様あり）……」

「野村」は野口の書き誤りであろう。『木戸孝允日記』中、野村の名は頻繁に出てくるが、その野村は四月十七日以降ベルリンから木戸と行動をともにすることになった使節団のメンバー、外務大記野村靖（之助）のことで、五月七日ベニスで木戸と別れマルセイユに向け先発しているからである。またしばしば渋澤野口と一体で書かれていること、視察の内容からみてふたりの案内であることはほぼ間違いない。

続いて『高崎正風先生伝記』（北里闌・私家本）によると、高崎は五月二十二日にミラノに着き、「車駅ニ於テ、ホーテルミランニ日本人来リ居ルト聞キテ、同ジク客舎ニ投ズ。渋澤、中島、野口某、外に二名来止レリ。……」さらに翌日二十三日「……渋澤氏ニ依頼シテ金ヲ札換フ」と記しているから、渋澤野口はまだミラノにとどまってコモ周辺の調査を続けていたのだろう。ちなみに少議官高崎豊麿（正風）は当初岩倉使節団の一員に任命されていたが、明治五年一月左院視察団へ転籍のため罷免、以後別行動で欧米視察を行なっていた。

なお岩倉使節団一行がローマの「養蚕ヲ一見」に及んだのは五月十五日だが、渋澤（と富蔵）がそれ以前に調査し見るべき対象を選定、報告していたと思われる。あるいはこの日も同行説明し、そしてミラノに移動して木戸を迎え、同様に調査済みのコモ周辺の施設を案内したと考えられる。

ところで取調、調査の内容はどうだったのか。『実記』のなかにその痕跡をみることができないだろうか。

その前にこれまでの諸資料から富蔵と渋澤喜作の行動を整理してみよう。

明治五年　冬　渋澤喜作イタリア到着
同　一一月（一六日）岩倉使節団パリ着
同　六年一月（一日＝明治五年一二月三日・改暦）使節団新年祝賀のためヴェルサイユ宮殿へ　パリ諸機関・諸施設視察

同　　（九日）富蔵パリ、ロールビロンホテル在泊
同　二月（一七日）使節団ベルギーへ出発
同　二月（二四・二五日）富蔵同ホテルに在泊
同　二月（二八日）渋澤ホテル・ド・ミラン在泊
同　三月（六日）渋澤イタリアよりパリ、ロールビロンホテルに到着
同　　（二六日）特命全権大使命により渋澤・富蔵共同調査へ
同　五月（一日よりウィーン万博）木戸副使視察
　　　（四日）渋澤・富蔵ウィーンで木戸に面会（報告か）（以下後述）
　　　（一五日）岩倉使節団ローマ着
　　　（一七―二三日）渋澤・富蔵ミランホテルドラベルで木戸に会う
　　　（二七日）木戸ミランを出立する

富蔵が調査を命じられたリヨンはたしかにフランスの絹織物の中心であったが、パリからは直線距離でほぼ四〇〇キロはなれている。そうすると富蔵はまず使節団が滞在中のパリに立ち寄り、具体的な指示を受けたと考えられる。その後はリヨン

に赴き調査活動を開始したのであろう。ただ二月下旬のパリ在泊は理由不明である。あるいはベルギーへ出発前の木戸副使からのなんらかの具体的な指示（たとえば、蚕病対策調査）があったのかもしれない。

さてリヨンでの調査については『実記（五）』は次のように述べている。ヨーロッパにおける蚕業は温暖な地、イタリアから起こりリヨンに伝わったのは一六世紀半ばである。ルイ一一世は「織絹ノ秘訣ヲ仏國ニトラント、以國『ゼノワ』府（ジェノヴァ）ノ名工ヲ呼入テ、此里昂《リヨン》府ニ於イテ、織絹業ヲ盛ンニ起セシコト、当地繁盛ノ根源トハナリヌ」。リヨン人は器用で国も保護育成につとめ「植桑養蚕」から織絹まで習得、一時的な衰退もあったが一九世紀ころには仏全国で「二五〇〇万キロカラム」の繭を生産するに至った。ところが一八五四、五年ころから蚕病が流行し六九年には生産量はかつての三分の一以下に落ちた。

「是ニヨリテ里昂ノ紡績家ハ、織細ノ糸ヲ紡シ、靡薄ナル帛《きぬ》ヲ織ルコトヲ務メ、絹帛ノ価ハ、大ニ沸騰シテ、求メ得ルニ容易ナラス、此時ニ際会シ、支那ノ生糸日本ノ蚕卵紙ヲ輸入シ、絹帛ノ紡績ヲ再盛ニスルニ至レリ、……」。そしていまは蚕病を除いて、繭糸の生産も回復し、一層盛んになるようなので日本支那からの輸入生糸蚕卵（紙）は年々廉価におもむくことは間違いない。ここで『実記』は蚕病五種について詳細にその病態と対処法を記述して、蚕病の「惨禍」を知らせ、日本の養蚕家への警告にしようとしたようだ。

リヨンには生糸改会所があり、使節団の視察対象になった。ここは諸方より輸入する絹糸の品質を検査するが、その方法をやはり詳細に記している。

富蔵に命じられた調査はリヨン地方の製糸方法や生産状況だけでなく、蚕病を含めて日本の絹繭輸出に関する疫病上の問題と品質の問題だったのではないだろうか。そして蚕病はイタリアの状況調査にもおおいに関係し、渋澤との合同調査を必要ならしめたと考えられるのである。

『実記（四）』は北部イタリアのバドワ（バドヴァ）について記す。バドワはベニスから四〇キロ西にある。使節団は明治六年五月二六日ローマを発ってフィレンツェ、バドワを経てベニスへ向かうが、バドワには立ち寄らずこの地の養蚕学校についての「記聞」の概略を述べている。（この時期木戸副使は帰国を急ぎ別行動をとっている。）

「蚕病ノ流行ニ因ッテ、絹糸年年ニ減シ、其価ノ貴重ナルコト、……東洋ノ貿易漸ク開ケルニ従ヒ、支那ノ湖糸、……商賈巨利ヲ獲シニ、……」日本からは蚕卵紙を購入して、国内で養蚕を試み、おおいに利益を得た。ところが始めのころは「精良」な種紙だったが、病虫に侵された種が次第に多くなり、政府は養蚕学校を建て精良の蚕種を選ぶ方法を研究させた。蚕蛾を検査し選別して無病の種をとろうとするのである。『実記』はその技術的方法を詳細に述べているが、その『記聞』こそ渋澤・富蔵の報告によるものであろう。渋澤喜作は武州榛沢郡血洗島村（現深谷市）の出身である。この地方は養蚕の盛んなところであり、渋澤が調査員に選ばれた理由であろう。

日本の輸出品である蚕卵紙は年々価格を低下させており、このままではたださえ慢性的な入超状態であるのに、今後輸出の途を閉ざされてしまう。使節団や木戸の憂慮が伊・仏共通の問題として富蔵らに調査を命ずる動機になったと推測されるのである。

八、帰国、そして官吏への道

明治六年三月、四年にわたる富蔵の留学生生活は終った。というより財政多忙で官費留学生整理の必要と人材の活用に急な政府の要望で終らせられたといってよい。同年同月政府は「学制二篇追加」のなかで「海外留学生規則」を布告し、留学生選抜について能力主義と試験による公選制を原則とした。この原則が在外留学生にも適用され、前年八月の「学制」にもとづく整理が行なわれ、その結果先に述べたような「批判」に該当する、あるいは能力のない学生は官費支給を停止され続々と帰国することになった。この「追加」は岩倉使節団の伊藤博文、駐英公使寺島宗則、駐米公使森有礼等の留学生実態調査の結果による政府への建言にもとづいたもので、「規則」を補強し、監督の一層の整備をはかったものである。

富蔵が大学なり専門学校の卒業証書を手にしたかどうかはわからない。政府としては四年間の留学と二十八才（実際は三十二才）という年令だけで充分な理由としただろう。そして政府への任官は「規則」にもとづく官費留学生の義務であった。『実記』は久米邦武の編によるものであり、巻頭の「例言」によれば同行の「書記官畠山義成（当時杉浦弘蔵ト称ス）、久米邦武二人ニ命シ、常ニ随行シテ、回歴覧観セル所ヲ、審問筆録セシメ」ているが、「邦武此ヲ筆記スルニアタリ畠山氏ト意ヲ協シ、暇アレハ人ニ質問シ、書ニ検閲シ、詳備ヲ務メタレトモ、奈何セン回暦殆ト虚日ナク、……各理事官ノ理事功程中ヨリ抄録シ、……」ているので、間接的ではあるがこの「理事功程」作成にあたっての渋澤と富蔵の調査結果が「紀聞」として取り上げられていたと思われる。

帰国にあたっては使節団と逆の経路をとった。

「七月十日にマンチェスターを発ち、リバプールとニューヨーク経由で日本に向かい」（サトウの父からサトウへの手紙『遠い崖・11』）、「九月五日　帰朝之事」（『履歴書』）と報告されている。市居氏は前出の『高崎正風先生伝記』の中で富蔵の足跡を確かめておられる。

「（渋澤野口は）八月三日には、既に帰途につき渡米しニューヨーク五番街のホテルに宿し、たまたま欧米視察中の正院議官高崎正風と同宿している。なお渋澤と野口は、八月十四日にもサンフランシスコのガーランドホテルで再び高崎と同宿している。高崎らはその翌々日（六年八月十六日）出帆の便船で帰国の途に就いているが、渋澤、野口も同じ船に乗ったものと考えられる。これは同船が九月五日に横浜に着いており、……」（市居氏前掲論文）さきの『履歴書』の記事と合致するからである。

サトウの父の手紙の続きを引用する。「（野口は）出発に先立って、非常に丁重な手紙を寄越し、われわれから受けた数々の好意に感謝し、直接お目にかかって別れの挨拶を申し上げられないのが残念だと書いてきました」。留学中サトウとその家族から与えられた物心ともどもにわたる援助に対して、当然訪問挨拶を欠かせないところだが、余程あわただしかったからか、渋澤などの同行者がいたためだろうか、あるいは次に述べるような事情で顔を合わせにくかったのかも知れない。

「『野口（富蔵）は日本で妻帯していたと、以前あなたからきいたことがあります。しかも週給一ポンド（約五円）の収入の当てしかないのに、イギリス人の妻を連れて帰るとは、なんたることでしょう。しかし、女というのは、そのほうがまだましだと思えば、すぐ内縁関係に入りたがるものですから、野口が或る種のイギリスの娘の眼に好ましい男にうつったとしても、おどろくにあたらないでしょう。』かつての従者野口が約五年（筆者註・四年）のイギリス滞在を終えて帰国したことはサトウの父の手紙が報じていたが、野口と日本で再会したサトウは、野口がイギリス人女性を妻として連れ帰ったことを父にしらせたものとみえる」（『遠い崖・11』）。

富蔵には留学前、明治元年入籍した妻がいた。小倉権三郎の女（むすめ）くらのことで、日本出航前の明治二年一月二日（陽暦二月十二日）サトウが護衛たちや召使たちを招いて正月の宴を祝ったとき、他の女たちとともにその席に連なっている（『外交官』下二五二頁）。私たち子孫はだから他の女性の、とくに「或る種の」と表現される女性の存在は認めたくないのだが、その後の『遠い崖』に記述がないところをみるとおそらく別れてしまったのだろう。この問題についてはあとで触れることにする。

なお小倉権三郎については不詳だが、尾崎和子の記憶では、くらは富蔵の英国留学中どこかの御殿女中としていつも懐剣を胸にしていたらしい。死没年から逆算すると嘉永六年生まれになり、このとき（明治二年）十七才であった。

「東京に帰ってきて、軽微な公職についた」（『外交官』上二一一頁）富蔵のそれからの『履歴書』を続けてみることにしよう。

「大蔵省十三等出仕心得　野口富蔵　補勧業寮十三等出仕　内務大丞従五位河瀬英治　明治七年一月二十八日」

大久保らの外遊派は、欧米文明が長年にわたる教育、宗教心理、近代産業にもとづくものであることを知って、帰国後西郷隆盛らの征韓論をしりぞけ、殖産興業と軍事力の強化に重点をおく内治優先策をとった。明治六年十一月十日の内務省設置は内政改革と富強の達成を目的にしたものであった。以後の巨大官僚国家への道をひらいたのは大久保だった。「牧民主義」を理念とする内務省は「牧民官」である地方官を統括し、中央集権行政をすすめてゆくことになるが、大久保が帰国後に提出した「殖産興業に関する建議書」のなかで「大凡国ノ強弱ハ人民ノ貧富ニ由リ、人民ノ貧富ハ物産ノ多寡ニ掛ル。而テ物産ノ多寡ハ人民ノ工業ヲ勉励スルト否カトニ胚胎ス」とし、工業生産の振興には「政府勧業」を必要とすると述べている。

勧業はもと大蔵省租税寮に属する勧農課を新設の内務省に移管し、一等寮の勧業寮としたもので、七年三月の事務章程に「全国農工商ノ諸業ヲ勧奨確実盛大ナラシムル事務ヲ掌管ス」とあるように殖産興業政策の中核官庁である。帰国直後の富蔵の任官記録はないが勧農課に身をおいていたと想像することはできる。勧業寮は五年十月に開業した蒸気エンジンによる官営富岡製糸場や堺製糸場、内藤新宿試験場などを所管している。富蔵の長年の「分科修業」の成果がここで活かされようとしているかにみえる。しかしそのあと、

「勧業寮十三等出仕　野口富蔵　免出仕　明治七年三月九日　内務省」

「野口富蔵　補十一等出仕　陸軍大佐従五位小澤武雄奉　明治七年九月九日」

とあって勧業寮にあった期間は僅か一ヵ月余りに過ぎず、また三月から九月までの

六ヵ月間の任歴は空白であり、当然九月の富蔵には肩書きがない。ただし等級（陸軍省十一等は権中録）は上がっている。

六年九月帰国以後「勧農課に身をおいていたという想像」も正式記録がないこと、勧業寮出仕の短さなど、この時期ほぼ一年間、富蔵はほとんど休職に近い状態だったと推測される。私はその理由を病気、それも肺結核とみたい。費用をきりつめた食生活と「雲霧濛々タル」（『実記』）イギリスでの留学生生活は武道できたえた富蔵の頑健な体をいつのまにか蝕んでいたのであろう。体の奥深くに巣くう病魔は気力を萎えさせ、勤務を妨げ、長期療養を余儀なくさせたのであろう。当時不治といわれたこの病気は後年再発を重ね、ついには富蔵の生命を奪うことになるのだが、すでに使節団から命じられたリヨン・イタリアでの絹製造調査のときの「遅緩」にその症状はあらわれていたようだ。

この頃の富蔵の不安な心情を示唆する文書がある。これも市居氏が発見された『吉田清成文書三三五・野口富蔵』の項である。日付は「明治（　）年二月五日」で不明年になっているが、内容からみて明治七年であることは間違いない。引用する前に吉田について述べておく。

さきに触れたように、吉田清成は薩摩藩出身、慶応元年英国留学、明治二年帰国、大蔵省に入りのち大蔵少輔、駐米大使などを歴任するが、この頃は理事官をつとめていた。

「拝啓　其後は御多祥歓喜不過之奉南山候。然は、私儀先般拝命之御礼労昇館仕候処、折節横濱御出湊之趣不得貴顔、爾後早速昇堂可仕筈之処、不快にて引篭り居候間、不顧失敬寸書を以て願上候。私儀厚き御配慮を以て先般内務省十三等仕出被仰付、不勝之私千万難有、然る処兼て密に私之内実御耳に入置候通り、家事に差支何分取鎮方無覚束、乍去微少之私果分俸金頂戴仕候儀は真に恐縮之義と存候。尤も精々可勉励心得にて候得共、尚申上候通り家事に迫り候節は、不得止辞職相願候外無之と愚按に御坐候。乍併御懇情を甘し、御多忙之御中重て申上候義憚多候得共、爾後之処如何相心得て宜敷有之候哉、独心労混惑罷在候間、何卒御仁恵を垂れ御指揮被下候様、千々難有奉謝候。尚之条得拝眉可願含に候得共、不快中故書を以て願上候。先は願用申上まて呈愚書を候。頓首九拝　二月五日

野口富蔵　吉田様閣下」（註・「南山」は寿詞）

これでみると一月二十八日の内務省十三等出仕（心得）は吉田の尽力を想像させる。しかしこの時富蔵は「不快にて引篭」っていた。この「不快」というのは「気分勝れず」という体調のことで感情的な「嫌なこと」ではないだろう。つまり結核特有の「気だるさ」がその原因と思われる。明治十三年、富蔵は結核のため京都府を辞職するが、そのときの医師の診断書が病いを「数年来」としているのがその傍証である。

しかしもう一つ心の「不快」の重い原因があったようだ。富蔵を「心労混惑」させ「辞職」のほかなしと追い詰め、「家事に差支何分取鎮方無覚束」と嘆かせた問題とは何だろうか。確証はないが「家事」に関係するとすればやはりイギリス人の妻の問題だろうか。この結末については全く記録がないが、妻くらとイギリス人女性の家庭内葛藤を仮定すれば、富蔵を心身ともに疲労困憊させたことは間違いない。

さいわい小康を得たのだろうか、その後の『履歴書』に空白期間はみられない。

「十一等出仕　野口富蔵　第三局分課申付候事　明治七年九月九日　陸軍省」

陸軍省第三局というのは砲兵局を指す。

「十一等出仕　野口富蔵　兵器為取纏渡島國箱館福山江刺エ差遣候事　明治八年五月二四日　陸軍省」

この項の内容はよくわからない。渡島國とは北海道南西部、福山は旧松前藩の居城で江刺、箱館とともに最後の戊辰戦争のあったところだから当時の兵器が分散していたのかもしれない。松前城が解体されているのはこの年である。この兵器というのはあとの『履歴書』にあるようにおそらく大砲を指すのだろう。あるいは明治六年六月におこった「福山士寇」（檜山騒動）と呼ばれる打ちこわしのときの通常の武器を指すのだろうか。

「十一等出仕　野口富蔵　クルップ砲試験ニ付下津原エ被差遣候事　明治八年十一月二七日　陸軍省」

一八七〇年（明治三年）の普仏戦争で使用されたプロシャのクルップ砲は世界的にその名を知られるようになった。明治政府はこれを輸入し、千葉県下津原（習志野）演習場で試射を行なったらしい。なおクルップ砲と四斤山砲が日本ではじめて実戦に供せられたのは明治十年の西南の役で、政府軍はその圧倒的な火力で薩摩軍を破逐している。

「十一等出仕　野口富蔵　第三局出仕差免砲兵支廠附申付候事　明治九年二月九日　陸軍省」

大阪造兵司がおかれたのは明治三年六月、八年二月廃止され砲兵第二方面内砲兵支廠となったが、五年より国産銅使用によるフランス四斤山砲の生産をはじめ、八年以降編成替えがすすみ、火砲・弾薬・火薬製造が中心になる。その製造機械や原材料の多くは輸入に依存していた。富蔵の転勤当時はこの編成替えが行なわれているさ中であった。

いずれにしても、紡糸紡織からこの陸軍省での業務への配置替えはどういうことだろうか。ここでは富蔵の語学力（それもドイツ語を含めて？）の活用以外に考えられない。新しいクルップ砲の試射、その構造の説明、砲兵支廠での輸入機械の説明、いずれも通訳・翻訳を必要としたと思われるからである。

技術に関する語学力が求められるのであれば富蔵の勤務分野はひろがってゆく。

「十一等出仕　野口富蔵　御用有之候条早く出京工部省エ出頭可致候事　明治九年五月二二日　砲兵支廠」

「陸軍省十一等出仕　野口富蔵　補電信寮十等出仕　工部大丞従五位吉井正澄奉　明治九年六月五日」

「電信寮十等出仕　野口富蔵　訳文科申付候事　明治九年六月五日　電信寮」

「電信寮十等出仕　野口富蔵　建築科申付候事　明治九年十月五日　電信寮」

「明治十年一月十一日　電信寮被廃候事」

「野口富蔵　任五等属　工部大書記官従五位芳川顕正奉　明治十年一月十二日」

「五等属　野口富蔵　電信局出勤申付候事　明治十年一月十二日　工部省」

この頃各地に電信局設置が続いているが、電信寮、電信局でも富蔵の語学力が役立ったのであろうか。なおこの電信も砲とならんで西南の役ではたした役割は大きい。

電信寮十等を「中属」という。当時の官制では一等から三等までが勅任、四等から七等が奏任、八等から十五等を判任とした。なお五等属はのちの十四年四月の官制表では判任十二等に該当するから、「寮」から「局」への改組に際し官制が変わったのか、そうでなければ降等されたことになる。これも理由ははっきりしない。

ところで富蔵の電信寮出仕の明治九年の『由来』には信じがたい記述がある。

「明治五年（九年の間違い・筆者註）万國博覧会ガ米國フィラデルフィアニ於テ開催セラレタ。コノ時日本ヨリモ出品シ、出品委員モ出張シタガ、日本ヨリ派遣サレタル元基隆港務部長山田氏ノ話デアル。彼ノ地ニ渡リ、言語ハ通ゼズ事情ハ解ラズ、殆ンド困憊セシ時、英國出品委員ニ野口富蔵ナル日本人アリ。同氏ハ各國語ニ精通シ、万事万端何暮トナク親切ニ世話シテ呉タ。地獄デ仏ヲ得タ心地シ実ニ有難カッタトノコト。兄富彦（富蔵の甥・筆者註）がアメリカ丸機関長タリシ時コノ話ヲナセリトノ事ナリ」

フィラデルフィア万博は明治九年四月十九日から十月十九日の六ヵ月にわたって開かれている。日本では内務卿大久保利通が事務局総裁となり、陸軍中将西郷従道を副総裁、内務大丞河瀬秀治を事務官長として積極的に参加することにした。しかしその事務局に富蔵の名はない。「文明開化」、「富国」へとまっしぐらに進む内務省は当然のことながら次にみるように視察員を派遣している。「伊国出張佐々木勧業寮六等出仕米国費府博覧会場へ被遣度伺」（内務省伺二・明治九年六月「公文録索引明治九年二」）。これは一例にすぎないが、『総覧』（記録はかならずしも完全とはいえない）によれば、明治九年のアメリカ渡航者と留学生は他国からの回遊者は別として総数四十名、そのうちフィラデルフィア万博への公費視察者は陸軍省七名、内務省三名それに西郷を加えて計十一名、私費視察者は七名で、いずれのなかにも富蔵の名も山田氏の名も見出だせない。もし富蔵がその一員あるいは視察員として派遣されたのであれば当然『履歴書』に記述がある筈である。まして日本の官僚である富蔵が英国の出品委員である筈がない。

ひとつの可能性としては、個人的立場での電信機械と設備の見学であろうか。この万博でアメリカはベルの電話機を出品しているが、それまでの日本の電信は明治三年から敷設のはじまった有線のモールス通信であり、電話は富蔵にとってはじめて聞く通信方法だったからである。翌十年日本は電話機を初輸入し都下で一部使用がはじまるが、東京横浜間に電話が通ずるのは明治二十三年のことである。視察の有無はともかく工部省電信寮訳文科勤務はそのためだったのだろうか。知的好奇心から「寮」の命令なく渡米したとするなら、翌年の「降等」もその懲罰的意味として理解できる。

ところで私は山田某氏の記憶の混乱、または『由来』の誤記の可能性から「明治五年」を間違いとした。たしかに「明治五年」は万博のなかった年で、「万博」をキィワードにするなら、翌年明治六年五月一日から十一月二日まで開催されたウィーン万博があり、『実記』によると岩倉使節団は六月十四日に会場を視察している。使節団のその前の行程をみると、五月九日ミュンヘンからイタリアのフローレンス（註・フィレンツェ）に入り、ローマ・ベニスを経て六月三日ウィーンに到着しているから、イタリアで蚕糸調査を終えた渋澤と富蔵が使節団に報告に赴いた可能性もある。むろん同行でなくても富蔵には各種繊維製品のサンプル蒐集という目的があり、そのためにオーストリア訪問の必要があったであろう。ただし「英國出品委員」ということはあり得ないが、このときの英国出品物は各種鋸などの鋼製工具や陶器、ガラス細工のほか、羅紗・諸毛布・綿糸・綿布・レースなどの繊維製品であったから、富蔵も観覧に赴き、たまたま居合わせて説明を受けた山田某氏が富蔵を「英國出品委員」であるかのように誤解したのかも知れない。この場合、英国内での案内通訳と同様に『履歴書』には記載されていないが、三月のイタリア派遣から七月ロンドン出発までの富蔵の行動の一端をうかがい知ることができるのである。また『総覧』によれば、この年の太政官政府からオーストリア派遣者のなかに山田熊吉の名があり、留学先をウィーン万博とし、民生諸技術の研究を目的に二月から十一月まで公費視察しているが、氏の後年の公職「(台湾の) 基隆港務部長」からみても氏がこの該当者であった可能性は高い。

ただし富蔵がウィーンを訪れたのは五月四日とすることもでき、またこの方が現実味がある。さきの『木戸孝允日記』によると、木戸は使節団と別れ四月二十九日ウィーン着、五月一日博覧会開会式に臨み見学しているが、五月四日の条には「二字頃より博覧会場に至り……七字頃帰寓夜渋澤喜作 (以下約六字分空白) 岡本大蔵大丞など来話。」とあって、この空白部分に野口富蔵を充てることができるのではないだろうか。以後の日記ではさきにみたように三度（十七・十九・二十日）「渋澤野口」と一体として記されており、初めて会って租税寮七等の渋澤の名は覚えられても、富蔵の名は記憶されなかったと思われる。そして十九日のコモ周辺施設視察は、このとき事前調査を終えていた渋澤野口の「誘引」によるものではないだろうか。

『履歴書』に戻ろう。

「五等属　野口富蔵　京都府ヨリ採用之義照会有之候条早ク同府へ出発可有之候也　明治十年八月四日　工部省」

「工部五等属　野口富蔵　任京都府五等属　京都府大書記官正六位國重正文奉明治十年八月二十日」

「五等属　野口富蔵　勧業課申付候事　明治十年八月二十日　京都府」

『履歴書』の記述はこれで終る。転々とする任職、このうち富蔵の分科修業した紡績関係の業務にたずさわった期間はほんの僅かであった。当時の最も重要な輸出貿易品は生糸・蚕卵紙であり、そのため対外的に低品質とされた日本の生糸の改良、そして増産は勧業政策、ひいては富國政策の中心であった。伝習を主目的とした模範勧奨工場富岡製糸場はその後拡充され、明治十年には輸入防遏と民業勧奨の視点から新町屑糸紡績所が完成し、民間も座繰製糸から器械製糸へと改良されてゆく。しかしいずれも機械的模倣の域を出ることはなかった。機械の輸入と外人（フランス人）による指導は富蔵の得た技術を必要としなくなったのだろうか。

もっとも富蔵の持ち帰った四千点近くのサンプルは絹にとどまらず、綿、毛、麻等の各種紡糸・紡織品であったと思われる。しかしこのう

殖産興業の政策として開業した群馬県富岡製糸場
（『画報日本近代の歴史3』日本近代史研究会編より転載）

ち当時の日本の機業改良にとって参考になったのはやはり生糸・絹製品だけであったろう。綿を中心とする近代紡績工業はまだ「夜明け前」であり、本格的に稼働しはじめるのは明治十五年頃からである。

明治十年、富蔵は『履歴書』のうえでは三十二才だが実年令では三十六になっている。中央政府が新しい行政技術を習熟させるためにはせいぜい二十代か三十代前半までの柔軟な頭脳を必要とした。だから富蔵はいわば「とう」がたっており、京都府からの要請は中央にとっても「渡りに船」だったにちがいない。また当時の京都府知事はとくに木戸孝允の信任あつかった長州藩出身の槙村正直であり、彼の教育、福祉、興産行政は他府県にくらべると群を抜いて先駆的であり開明的であった。小学校、図書館、女紅場（女学校）、博物館、画学校、勧業場、測候所、癲狂院、駆黴院、窮民授産所などすべて日本最初に建てられたものだった。槙村知事が地場の在来産業としての西陣復興に目をつけたのも当然であっただろう。

明治六年から十年までの平均で日本の生糸の総生産量は約二、〇〇〇斤で、その約九〇％にあたる一、七九四斤が輸出にあてられていた。すでに貿易のはじまった安政六年から輸出需要にこたえて養蚕は急速に発展普及し生産量もふえていたが、輸出増大のため生糸は高騰するとともに国内用生糸は欠乏、西陣は衰退の一途をたどっていた。京都府はそのため明治初年以降保護政策をとって回復をはかった。さきに触れたフランスへの伝習生派遣、織子と紋様工のふたりの作業がひとりですむジャガード機（紋織織機）と、横糸作業を改良したバッタン機の輸入などで、このふたつを総合することで紋織の飛躍的な発展をみせたといわれる。

当時西陣八組といわれ、紋織、生紋織、羽二重、繻子、縮緬、博多織、天鵞絨織、木綿織の各組があったが、例を羽二重産物にとると明治七年、一九、五八〇反、価格八五、三七九円が十一年には五七、四五〇反、価格四二五、二八〇円にまで生産は上昇している。

忠実な技術者富蔵にとっても、西陣の手工業復活をめざす京都府こそその指導力を発揮できる場所であったと思われる。『由来』によると「帰国シテ西京ニ於テ、西陣織ヲ教授シ」とあり、また妻くらの記憶では兵庫県に奉職してからもたびたび外人を京都に案内しているが、その背景に観光案内のみならずこうした事情があるのかも知れない。『西陣歴史年表』明治十年の項をみると、業界の再編成をめざした「西陣織物会所設立」、「日本最初のジャガード機製作、この頃バッタン使用」、「織工場を織殿と改称（官営）」し、ジャガード機をそなえ生徒を募集して技術を教授、「フランスに機織習得のため留学生派遣」など積極的な改革へ向けての動きが続いているが、この流れのなかに富蔵の姿を想像することができるのではないだろうか。

これは富蔵の孫尾崎和子・向田静子の記憶だが、神戸の野口家には西陣織改良で受けた感謝状が残されていたらしい。ただし戦災で焼失して今はない。

ところで京都府での富蔵の働きは次の奉職先兵庫県における『履歴書』に述べられているはずだが、その所在が不明なので先に触れた「平松メモ」によるほかない。もちろん『履歴書』として完全ではない。

「明治十年　東京府より葡萄酒四百瓶、日本綿一六五反下賜」
「明治十一年五月二十七日　大阪造幣局へ出仕　リード氏（英国議官）随行」
「明治十二年　グラント（米国元大統領）接待」
「明治十三年三月十八日　綿糖共進会賞牌授与式」

「明治十三年　京都府退職　退職金一〇五円」

「明治十四年　（兵庫県）御用掛　判任　月給三〇円」

十年の電信局時代の東京府からの賞が何によるものかは不明だが、十二月初開通した電話に対する褒賞だろうか。この年殖産興業政策を推し進める大久保内務卿は、一方で西南戦争のゆくえを見据えながら、東京で第一回内国勧業博覧会を開催しているが、あるいはこの博覧会に関係があるのかもしれない。もっとも博覧会は富蔵が転任した翌日の八月二十一日から開かれている。

十年代にはいってから政府はこうした博覧会のほかに、業種別の共進会で生産刺激をはかったが、その最大のものが十三年二月から五月大阪でおこなわれた綿糖共進会だった。この十三年の項について想像すれば、西陣綿織物出品に対する賞杯授受のため京都府勧業課代表としての出席だろうか。西陣に綿織物組があったことはさきにみたとおりである。

明治初年代の「殖産興業」政策は慢性化した入超の危機感への対抗策でもあったが、その具体策として在来的産業の再編によって輸入防遏をはかろうとした。その力点のひとつに綿業があり、糖業があり、絹業があった。このうちとくに綿業は輸入綿糸綿織物の廉価・高品質・均一性によって綿作農家や在来手紡は壊滅的な打撃をうけ、また輸入砂糖も八年以降従来の赤砂糖にかわって安価・良質の白砂糖が中心になってくると、しだいに国内生産を圧倒することになるのだが、綿糖共進会はこのような状況に危機感をもった政府（内務省）の勧奨活動のひとつだった。結果はいずれも効果をみることができず、やがて工場制大規模生産にとってかわられることになる。

十一年の大阪造幣局「出仕」は正確には出張である。大阪造幣局（所）は明治三年十月に完成したが、鋳造機械はイギリスから輸入、鋳造発行権をイギリス東洋銀行が監督することになっていた。富蔵はリード議員の視察の通訳をつとめたものだろう。サトウ書記官の紹介または依頼があったのかも知れない。

グラント元大統領は岩倉使節団が訪米したときの第十八代大統領で、この年観光旅行目的で来日した。このとき、アメリカ特命全権大使であった吉田清成が接遇のため一時帰国しているのをみると、一地方官だった富蔵の「接待」も吉田の希望によるものかもしれない。

しかしこうした記述は本来の「勧業」という職務とは無関係であって、ただすぐれた英語力が活かされたことを示すにとどまっているかのようにみえる。

ではどのような働きがあったのだろうか。

既に述べたように、平松氏は兵庫県でのコピーや写真はもちろん筆写さえ拒否され作業を中止された。したがって筆写洩れもやむを得なかったのではないか。たとえば以下述べる著名な英人女流旅行家イザベラ・L・バードの『日本紀行』（講談社学術文庫）中にみられる京都観光時の「ノグチ」は富蔵であった可能性が高い。

同書「第五二信」に「滞在先の夫人（ギューリック宣教師夫人・筆者注）やノグチ氏とともに数々のすばらしい名所旧跡を訪ねて二週間をすごしました。ノグチ氏は英語の話せる日本人で、知事からわたしのガイド役を任じられています。」「第五四信」では「わたしはきょうノグチ氏とともに粟田の製陶工場に行きました。」とあってガイドは槇村知事の指示であった（来日して英国公使館に立ち寄った彼女はサトウ書記官に会っているから富蔵のことを聞いているはずでサトウの推薦も考えられる)。

この「ノグチ」を富蔵と断定されたのは人文地理学者で元京都大学教授金坂清則氏である。氏はイザベラ・バード(Isabella L. Bird 1831-1904)の旅行について研究されている。

彼女が来日したのは明治十一年(五月―十二月、京都滞在は十月―十一月)で、東北・北海道旅行のあと京都を含む畿内・伊勢神宮へも足をのばした。教授は四回にわたる京都新聞連載『みやこの近代』(平成十六年)のなかで彼女の京都滞在の目的や旅を支えた多彩な人脈について言及されており、野口富蔵との関連においてその一部を引用しながら紹介しよう。

この旅行の目的は物見遊山的関心とは異なり、「近代化・西洋化という形の変革が起こりつつある旧い都京都の社会・産業・教育・文化の諸相、種々の新しい動き、とりわけその一部としてのキリスト教主義学校教育の現状を調べ旅行記の読者に伝えることにあった。それゆえ、日本における伝道活動の最高に興味深い例として同志社英学校に注目し」、再三学校を訪問、また新島襄の新居を訪れ、彼の経歴や考え方、学校設立の経緯、学生の布教活動などを記した。そのほか粟田焼、西陣織の現場、女紅場、療病院、医学校を視察している。もともとこの旅行は『幾人ものアメリカン・ボードの人々に支えられ」ていたが（例えば、宣教師O・H・ギューリック。新島襄・山本覚馬とともに同志社創立者のひとり）、二日間の上記の現場や女紅場視察には「Mr.Noguchiという人物と一緒であり」「訪れた場所や施設に関する詳細にして的確な記述は、単独で訪れたのではなし得るものではないし」「山本佐久（筆者註、覚馬・八重兄妹の母、つまり新島襄の義母）と名所めぐりをした折にも――ということは、京都の旅のすべてに野口が関っていた可能性」があると教授は考え、そしてそのノグチこそ「野口富蔵！」であるとされたのである。

グラント氏についていえば接待地は京都ではなかった。少し詳細に見てみよう。

U・Sグラントは在職中、おおくの汚職事件を起こした。その事件を忘れ去るために夫妻は世界周遊の旅に出、英国、ヨーロッパ諸国、エジプト、インド、シャム、中国を経て訪日、観光目的の旅であったが、北京滞在中、琉球諸島の主権をめぐる日清間の紛争に決着をつけるよう依頼されている。以下、ドナルド・キーン著『明治天皇（上巻）』から訪日中の足どりをみることにする。

長崎着は明治十二年六月二十一日、出迎えたのは伊達宗城、吉田清成。ただしグラントの京都訪問は関西地方にコレラ発生のため中止になった。以後の日程では①七月四日天皇がグラントを引見、三条実美、岩倉具視が陪席したが、その通訳は吉田であった。②同月七日陸軍観兵式参列後、天皇は芝離宮で夫妻と合流、別殿で歓談しているが、やはり吉田が通訳。③同月一七日日光へ向けて出発、伊達と吉田が同行、同日伊藤博文到着。④八月一〇日天皇は浜離宮で会談、内容は国際、外交、関税、議会開設の諸問題で同席は三条と吉田のみ。こうしてみると、富蔵の出番は公式の席上でなかったのは当然だが、もともと夫妻は「熱心な観光客」（D・キーン）であり、夫妻をとりあげた当時の版画から競馬場、学校生徒の徒手体操、日光の華厳の滝、歌舞伎などを見物したことが窺え、富蔵はこうした場での接待役や通訳を仰せつかったと考えることができる。ほかに岩倉邸での能接待も想像可能な適当な場であろう。イザベラ・バード案内の経験が役立ったかもしれない。

九、兵庫県五等属

十三年秋、徐々に進行していた病気が再発した。この病気特有の微熱や寝汗と体から力が抜けてゆくようなけだるさ。この年の夏富蔵は病いと闘い耐えながら勤務していた。病いは富蔵の「辞職願い」とともに提出された上京区下丸屋町の医師真島利民の「容体書」によれば「数年来」のものだった。喀血は九月十一日からはじまったようだ。「或ハ盗汗ヲ流シ或ハ喀血シ時々胃痛下痢ヲ兼発シ食機不振等ノ病状ヲ呈ス」。蒸し暑い晩夏の京都の住まいで、汗を流しながら力なえて病床に臥す富蔵、富蔵の背を懸命にさする妻くら、幼い長女ふきや長男成美の心配そうに覗き込む顔。

富蔵は辞職を決意した。将来のことはともかく今は療養に専念して闘うしかない。

「辞職御願　私儀乍不肖明治十年八月工部省ヨリ当府へ転任被仰付候以来今日迄

難有奉職罷在候然ルニ私儀兼テ肺結核症ニ罹リ難渋仕候処此節ニ至リ候テハ右病症益々相募リ候上他病相発シ何分困却仕候仍之別紙容躰書之通是飛（非）暖気之海辺ニ移転療養不仕候テハ治療難行届場合ニ立至リ候趣当府下医真島利民申聞候就テハ甚自由成間敷御願ニ御座候得共前顕之次第御洞察被成下特別之御詮議ヲ以テ一ト先当職務御差免被成下度此如只管奉懇願候　以上　明治十三年十月十六日

五等属野口富蔵　京都府知事槇村正直代理京都府大書記官國重正文殿」

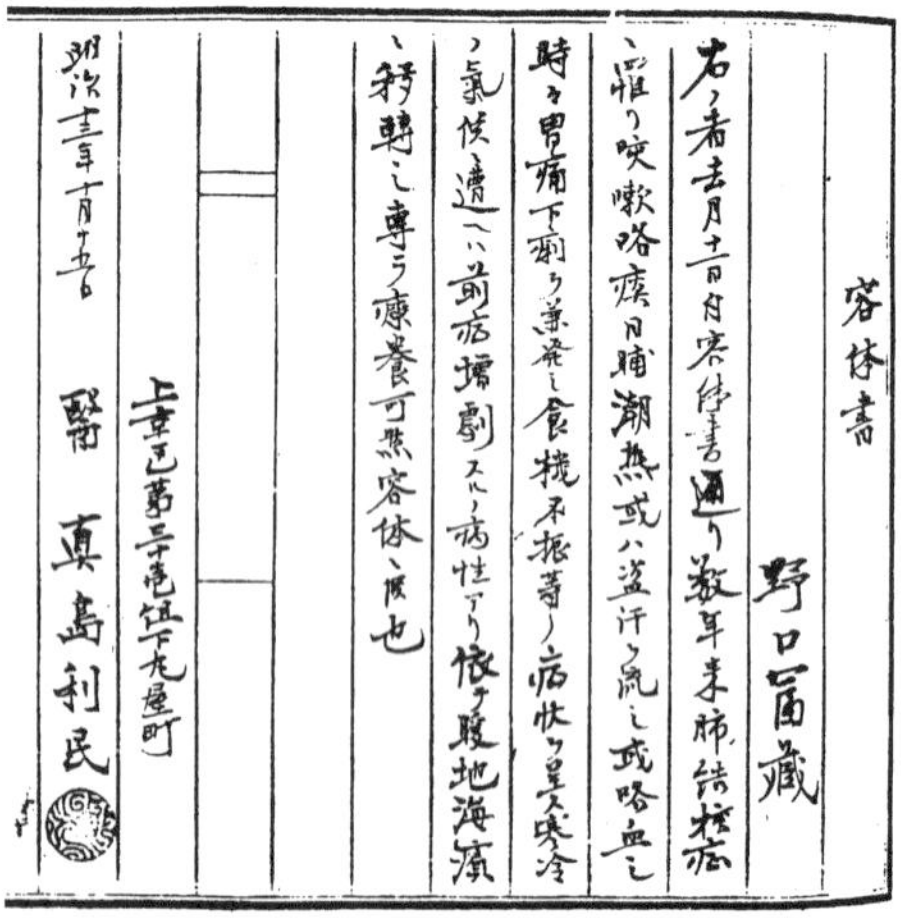
容体書
野口富蔵
右ノ者去月十日寄付書通リ数年来肺結核症ニ罹リ咳嗽咯痰日晡潮熱或ハ盗汗ヲ流シ或咯血シ時々胃痛下痢ヲ兼発シ食機不振等ノ病状ヲ呈ス寒冷ノ気候ニ遭ヘハ前病増劇スルノ病性アリ依テ暖地海濱ニ移轉シ専ラ療養可然容体ニ候也
明治十三年十月十五日
上京区第三十三組下丸屋町
醫　真島利民

京都府立総合資料館所蔵

この辞職願いを重い筆で書きながら富蔵の脳裏には会津の実家のたたずまい、箱館での英語習得光景、サトウに従って歩いた長崎や宇和島や七尾の風景、雲霧にけむるロンドンの街路、そのなかで青春の気概にあふれた自分の姿がよぎっていたこ

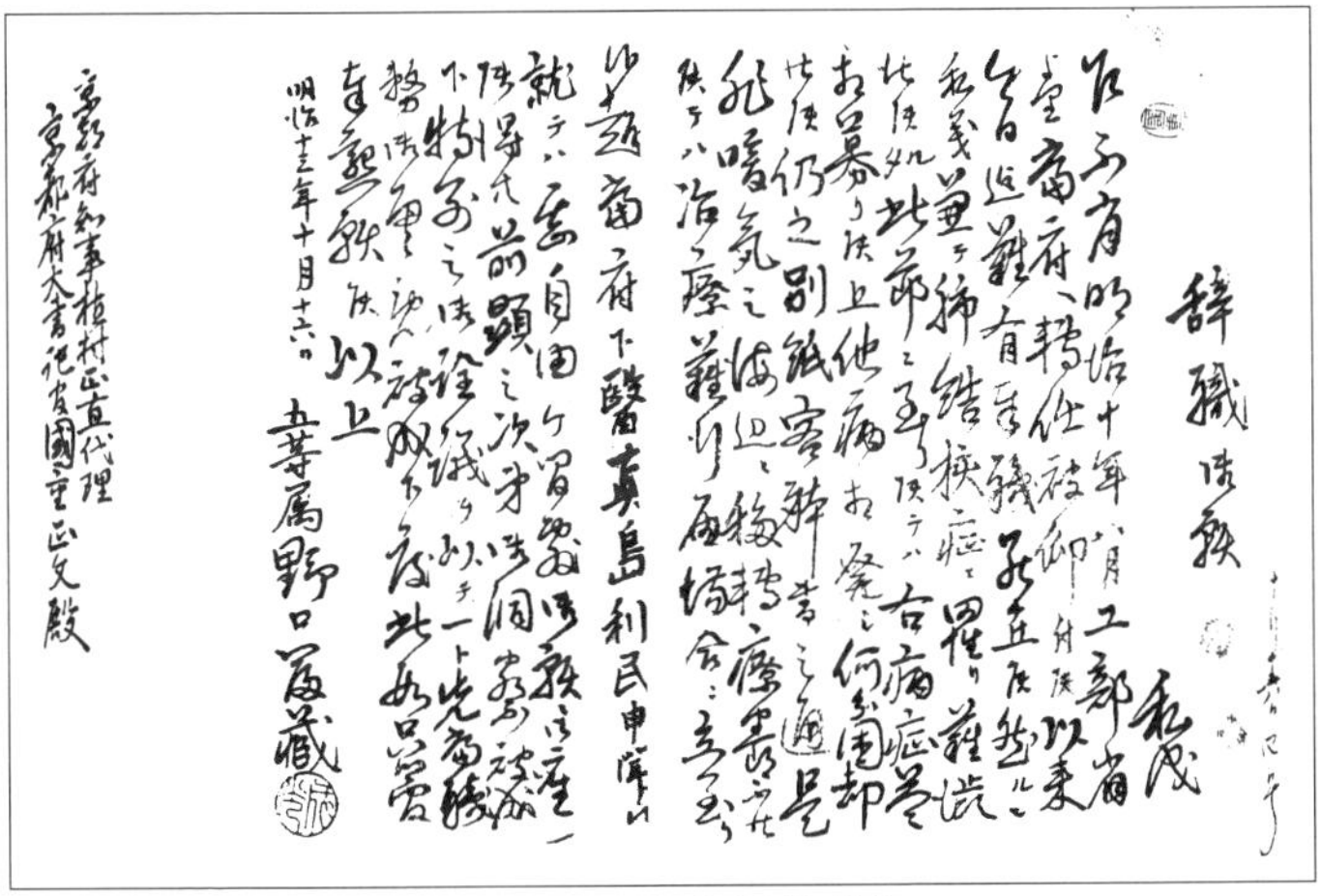

辞職願

明治十三年十月十六日

五等属野口富蔵

京都府知事槇村正直代理
京都府大書記官国重正文殿

京都府立総合資料館所蔵

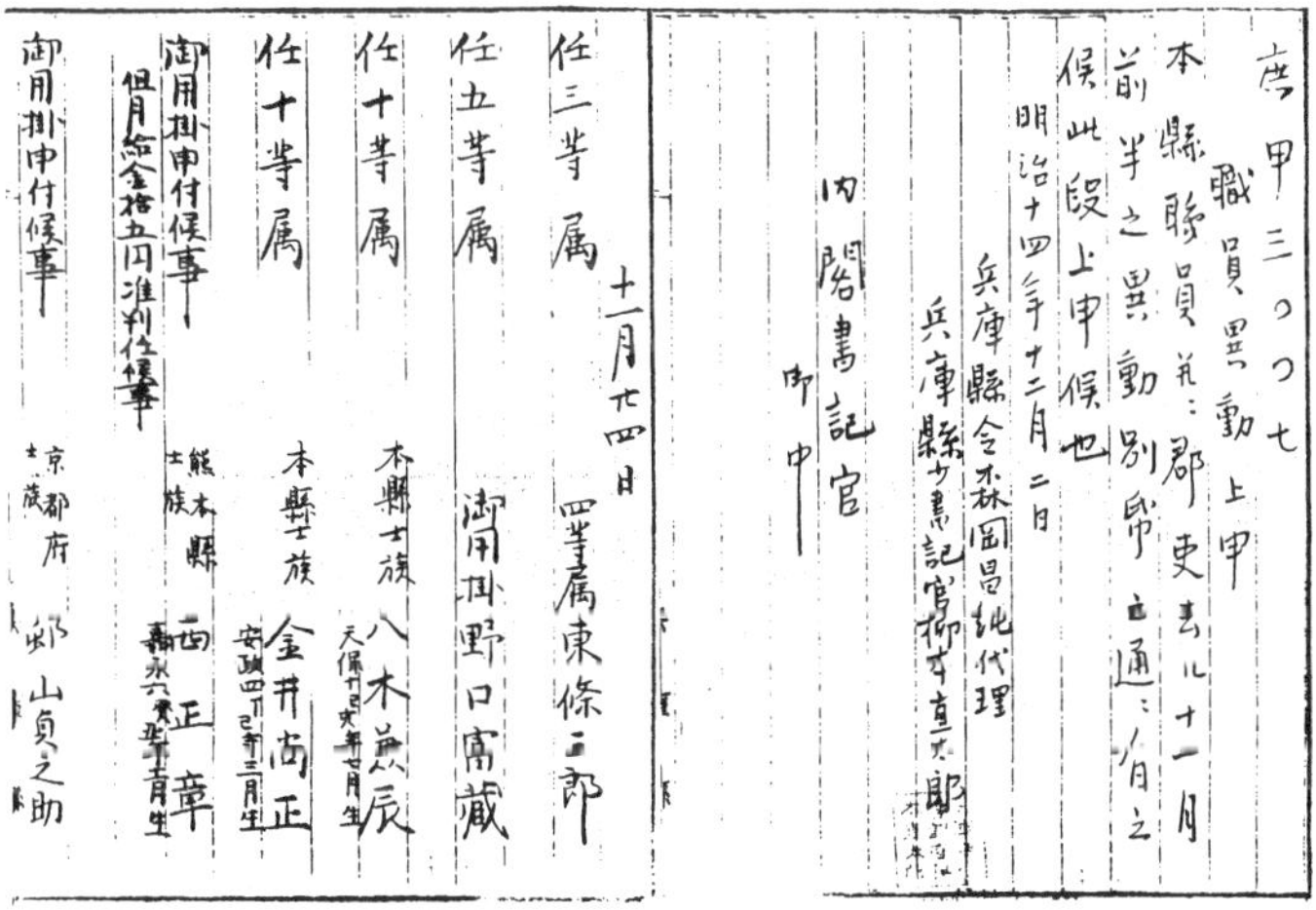

庶甲三〇〇七

職員異動上申

本県職員并ニ郡吏去ル十一月
前半之異動別紙之通ニ有之
候此段上申候也

明治十四年十二月二日

兵庫県令森岡昌純代理
兵庫県少書記官柳本直太郎

内閣書記官
御中

十一月廿四日

任三等属 四等属東條三郎

任五等属 御用掛野口富蔵

任十等属 本県士族 八木無辰

任十等属 本県士族 金井尚正 安政四丁巳年三月生

御用掛申付候事
但月給金拾五円准判任候事 熊本県士族 西正章 嘉永六癸丑年五月生

御用掛申付候事 京都府士族 郡山貞之助

平松泰典氏提供

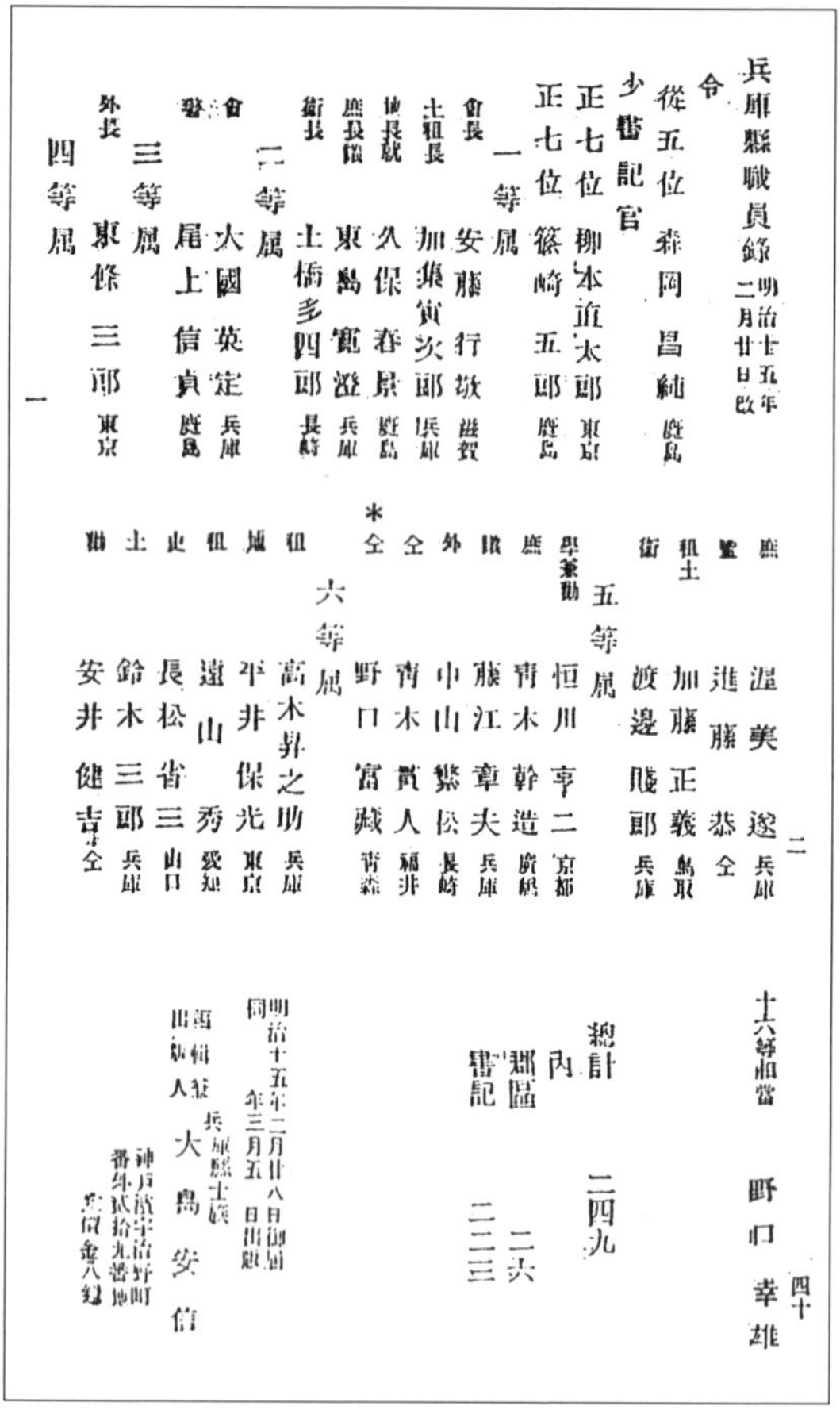

兵庫縣職員錄 明治十五年二月廿日改
令
從五位 森岡昌純 鹿島
少書記官
正七位 柳本直太郎 東京
正七位 篠崎五郎 鹿島
一等属
會計長 安藤行敬 滋賀
土租長 加集寅次郎 兵庫
勧長就 久保春景 鹿島
庶長役 東島寛澄 兵庫
衛生長 土橋多四郎 長崎
二等属
會計 大國英定 兵庫
簿記 尾上信貞 鹿島
三等属
外長 東條三郎 東京
四等属
一
二
庶 渥美逸 兵庫
監 進藤恭 仝
租土 加藤正義 鳥取
衛 渡邊朕郎 兵庫
五等属
學兼勧 恒川亨二 京都
庶 青木幹造 廣島
撰 藤江章夫 兵庫
外 中山繁松 長崎
仝 青木貫人 福井
*仝 野口富藏 青森
六等属
租 高木昇之助 兵庫
庶 平井保光 東京
租 遠山秀 愛知
史 長松省三 山口
土 鈴木三郎 兵庫
勧 安井健吉 仝
十六等相當 野口幸雄 四十
總計 二四九
内 郡區 二六
書記 二二三
明治十五年二月廿八日御届
同 年三月五日出版
編輯兼出版人 兵庫縣士族 大島安信
神戸区宇治野町番外弐拾九番地

兵庫県職員録（明治15年2月20日改）
神戸市　平松泰典氏提供

とだろう。あの頃の健康な日々が夢のように思われたことだろう。もはや再起はかなわぬかも知れぬ……。

神仏の加護があったのか、まだ若い体力が病気に打ち勝ったのだろうか、医師のいうとおり「寒冷ノ気候」の京都を去って「暖地海浜」の神戸に転居して療養した富蔵は、翌十四年三月兵庫県に任官する。

兵庫県知事から内閣書記官におくった三月の官員異動報告のなかに、「二六日御用掛申付候事　但月給金三拾円准判任候事　青森県士族野口富蔵　弘化二年己巳九月生」と富蔵の名があり、さらに同年十一月二四日付けで、「任五等属　御用掛野口富蔵」と昇格の報告がなされている。

富蔵の再出発は准判任御用掛からはじまった。さきの官制表によれば准判任は判任十七等、府県では十等属に准ずるか、もしくはそれ以下ということになる。しかしその地位も今の富蔵にとっては止むを得なかった。いや再び官での足掛かりができただけでも有難かったかも知れない。すぐれた英語の実力、才能がいずれ認められる日がくるだろう。そして事実、奉職後一年たらずで京都府時代と同じ五等属に復帰した富蔵が外国事務を担当したことは、平松氏の発見による十五年二月二十日付けの兵庫県職員録であきらかである。この職員録をみると当時県知事以下二四九名の職員がおり、富蔵はその二十一番目の地位にあって県では上級幹部に属する。もっともこの余りにも早い昇進は、富蔵の経歴を知った県との奉職時からの黙契だった可能性もある。

地方の高級官吏であったことは脇浜町三丁目二〇四二番地（のち旧生田川沿いの北長狭通一丁目一五八番地、さらに加納町二丁目二十二番地にうつる）の「自宅から県庁まで馬で通勤した」という妻くらの「証言」（尾崎和子の記憶）からみても確かだろう。

ここで当時の兵庫（神戸）港の状況をみておきたい。というのはここに、富蔵の英国留学を含めた経験や知識を活かす背景があり、兵庫県奉職の意義があるように推測されるからである。

明治元年一月一日（慶応三年十二月七日）、兵庫開港。幕末の政争の焦点、というより安政条約の課題のひとつが実現したことになるが、欧米に開かれた兵庫（神戸）港は以後飛躍的な発展を遂げ、明治二十年代中ごろには全国の貿易量の約五〇％のシェアを占めるようになる。神戸税関編『神戸税関百年史』によると、神戸港の特色は「輸入港」にあった。しかも輸入量が急増するのは明治十四、五年からである。

年次	輸出高	シェア(%)	輸入高	シェア(%)
一八七〇(明治三)年	二、一四二	一五	五、三一四	一六
一八七六(同　九)年	三、四五〇	一二	三、七九〇	一六
一八八二(同一五)年	六、五一五	一七	六、三七九	二二
一八八八(同二一)年	一八、三〇四	二八	二四、六六八	三七

(金額単位一〇〇〇円)

神戸港の主輸出品は茶、海産物、樟脳で、日本最大の輸出品生糸は余剰生産量がないためと品質が輸出に適さなかったため、まったく問題にならない。一方主輸出品は生金巾、綿織糸、石油、砂糖だが、「このように入超になったのは、十六年頃から大坂はじめ関西各地に紡績業が展開し、そのため紡績機械の輸入がふえたことによるのである」(『兵庫県の歴史』山川出版社・昭和四十四年)。ちなみに明治十三年の神戸居留外国人数は英一九四、米六三、独四三、仏一〇、蘭一〇、清五一七、その他とも計八五八で、「居留地貿易（商館貿易）」に従事するか、またはその雇人であった。これでみると横浜と同様に英国との貿易の比重が圧倒的に大きかったことがわかる。

殖産興業、富国強兵は明治政府のめざした国是であったが、「明治一〇年代を迎えて本格的な近代化・工業化政策を推進した。……政府のふたつの政策は輸出振興・輸入防遏のための官営事業と資金・設備の貸付をつうじて民間企業の育成」（『神戸商工会議所百年史』）することであった。

近代国家への脱皮、そのための急速な上からの資本主義化をすすめてゆく過程の中で紡績業は、岩倉使節団の認識をまつまでもなく、歴史的にみて最も取り組みやすい産業として捉えられる。手本はイギリスにあってその隆盛をみているし、「豊富な」低賃金労働者の予備軍がある。

兵庫県だけをみても、士族による、または士族授産のための織物工場・製糸場が明治十五年までに十二カ所生まれている。しかし「十四年からの政府のデフレ政策と『士族の商法』といわれる経営能力の欠如、あるいは資金不足などによって、おおむね十六年ごろから経営不振におちいり、十七年までに八カ所、十九年には三社、二十年代にはすべて倒産」(『兵庫県の歴史』)という結果になる。その多くは官営であり、明治十五年の大阪紡績会社の設立が民間における近代工業の第一歩になった。

そして当時の関西をみると京都府、大阪府、兵庫県の生産高の比較において、京都府が異常にたかく、そのなかでも織物が醸造を超えているのは絹織物生産による。それは伝統的な都市手工業としての西陣織などの振興政策の結果であろう。

富蔵の職務は「外事掛」であって「勧業掛」ではない。しかし資源の乏しい後進国日本が手工業から近代工業に脱皮し、資本主義列強に伍してゆこうとするとき、各種産業機械、とくに紡績機械や綿糸の輸入は国家的要請であった。とはいえ明治十五、六年頃の日本の近代紡績業はまだようやく緒についたばかりであり、その隆盛は二十年代をまたねばならない。富蔵はこの原初的段階に兵庫県に奉職した。

神戸が彼を必要としたのである。

富蔵は神戸の各国領事館との連絡折衝だけでなく、居留地に事務所を置く外国人

（会社）との貿易に関する事務や苦情処理、折衝、情報蒐集、居住の問題などに奔走していたのではないだろうか。

その後のサトウと富蔵の関係について触れる。

サトウは明治三年ふたたび来日、東京の公使館で書記官として勤務。十六年賜暇により帰英、以後三カ国の駐箚公使を歴任し二十八年日本駐箚公使として来日、三十九年まで在日した（帰英後は枢密顧問官）。

確証はないが、富蔵は勤務地が変わる度にサトウに手紙を送っていたようだ。『遠い崖・14』によると、明治十一年十二月一日サトウは朝鮮出張の帰途神戸に立ち寄った。「『十二月一日　非常にのろい汽車で、京都まで四十マイル（約六十四キロ）の距離だというのに、三時間もかかった。茶巾（ちゃきん）に泊まろうとしたが、満室だと言い張られ、二軒隣の伏見屋に連れてゆかれた。しずかな宿だ。野口に伝言をとどける。』……翌二日は呼び出した野口と連れ立って、勧業場など、京都見物についやし、夜は木屋町の料亭池亀に足をはこんだ。『……この〈遊興〉の費用は、しめて約九円である。野口の話では、京都の芸者はいつもお高くとまっているという。……』」。これでみるとサトウは富蔵が京都府に勤務していることを知っていて、日ごろ文通があったことを想像させるが、久しぶりに会った懐かしさがこの豪遊になったのだろう。「池亀」というのは当時有名な割烹旅館だが、一日の賄料（宿泊費）は二十五銭にすぎず、それにくらべて芸者の花代の高さの見当がつく。

富蔵の死後もサトウの厚い情誼はつづいている。再び『遠い崖・14』による。明治十七年サトウはシャム駐箚総領事としてバンコックに赴任、九月に休暇をとって日本へ向かった。「十月三日の夜おそく神戸に着き、その夜は神戸領事トゥループの家に泊まった。『十月四日　昼食後、ボナーとともに、野口の未亡人と子供たちに会いにいった。ボナーを介して、毎月五ドル（約六円）の〈恩給〉を渡すことを未亡人に約束した。午後六時出航。』ボナーは神戸領事館勤務の二等補助官……」。東京に着いたサトウは早速その措置をとる。「『十月八日　ボナーに手紙を書き、百二十ドルの小切手を同封し、十月三十一日から全額を使い切るまで、毎月五ドル、野口の未亡人に送金してくれるよう依頼した。』……このときから約二十二年後、サトウが駐清公使を最後に外交官生活から引退し、イギリスに帰る途中、最後に日本に立ち寄ったときにも野口未亡人への〈恩給〉の約二年分だとして、神戸で知人の牧師に〈百二十円〉の小切手を託している記述が日記に見える（一九〇六年五月一八日の項)」。後年の貨幣価値はともかく、富蔵が五等属に任じられた十四年、同じ異動報告書に熊本県士族某の御用掛准判任任命があり、その月給は拾五円と記載されているから当時の〈恩給〉としてはかなりの額であろう。もちろん「恩給」といっても出所はサトウのポケットマネーである。

なお『アーネスト・サトウ公使日記・1』（新人物往来社）の明治二十九年四月二十九日の条に「野口夫人が二人の息子、茂美（二十才）（筆者註・成美）と豊成（十五才）を連れて訪ねてきた。彼らは小さな木製の飾り箪笥を贈物として持ってきてくれた。上の子は背の高い立派な若者で、W・H・ギル（Gill）の会社に雇われている」とある。長年の厚意へのささやかな感謝の気持ちだろうが、サトウの率直に喜んでいる姿がうかがえる。また明治三十三年二月十九日の条にも「野口の長男が昨日私に会いに来たので、彼が東京高等商業学校に通っている間は毎月十二円ずつ補助してやることを約束した。」とあって、野口（家）に対する交誼がなみなみならぬものであることを物語っている。ただし成美が通った学校は東京専門学校（のち早稲田大学）で、サトウの聞き違いか誤訳であろう。

尾崎和子の記憶では「幼い頃くらに連れられて北野町にある異人館へ〈恩給〉を受け取りに行っていた」そうだから、明治十七年以来大正に入ってからも、そしておそらくくらが死を迎えるまで送金は続いていたと思われる。因みに和子の生年は明治四十三年である。

僅か数年の「雇用関係」（師弟関係といったほうが適切かもしれない）ではあったが富蔵の死後も続いたサトウの情誼。それは地位に関係なく「忠実な会津の侍」、「あくまで正直で誠実な男であった」富蔵の誇ることのできる勲章であった。

明治十六年四月十一日、兵庫県外事掛として「日夜繁忙ヲ極」（『由来』）めた富蔵は、四十二才の短い生涯を閉じた。肺結核症はやはり不治の病だった。最後の病床で痩せ衰えた富蔵の脳裏には、これまで自分の周囲を通りすぎていった、そして今は政府の顕官となった人々の顔がつぎつぎと浮かび、そのなかでもサトウの励ましの声が一段とたかく聞こえたことだろう。富蔵の後半生をつくったのはサトウであった。

そのサトウに富蔵の妻くらは夫の死を報せなかったようだ。ちょうどその年その頃、再度の賜暇休暇で帰英したからであろうか、サトウは「一八八五年（明治十八年）初めごろ、私は野口が死んだことを聞いて、ひじょうに残念に思った」（『外交官』上二一一頁）と記している。ただし「一八八五年」は正確ではなく、『遠い崖』にみたようにサトウは前年明治十七年十月「野口の未亡人と子供たち」に会っているから、富蔵の死を知ったのはその頃であろう。

「協同組合」研究家　加藤整氏撮影（平成14年）

歴史家色川大吉氏はいう。

「明治初期（十四年頃まで）の地方官僚には、気概あり、能力あり……しかも自分は『国家を代表する指導者』であり、『人民の啓蒙家』であり、『万国対峙』のもとで民族の運命をきりひらくエリートであるという自負があったのであるから、エネルギーは非常なものがあった」（近代日本の出発『日本の歴史』21巻・中央公論社、昭和四十一年）。

上からの近代化・資本主義化を短期間のうちに推し進めようとするとき、地方といえども多くの「志士官僚」（色川大吉）がいた。ましてや富蔵は一世紀にわたる産業革命完成後の「世界の工場」イギリスの表も裏をもその目で見ているのである。身贔屓で勝手な想像かもしれないが、また事実は挫折した生涯だったかもしれないが、私は不治の病いと闘いながら激務のうちに倒れた富蔵が、せめて気持ちだけでもそのような「志士官僚」であったと思いたい。

富蔵の墓は神戸市中央区の追谷墓地第十区にあり、豊かに茂る樹々の梢の間から、百三十年にわたって国際港都として発展してきた神戸を見下ろしている。

十、結びにかえて

戦後の明治維新史研究の名著といわれる、遠山茂樹氏の『明治維新』（岩波書店・初版は一九五一年、その後改訂を重ねる）によると、「歴史的画期としての明治維新は、天保期を序幕として、嘉永六年（一八五三年）のペリーの来航に始まり、明治十年（一八七七年）の西南の役をもって終る、二十四年間の絶対主義形成の過程である」とされる。

絶対主義の歴史的政治的定義はともかく、その説にしたがえば野口富蔵が生きた天保十二年（一八四一年）から明治十六年（一八八三年）は、封建制の解体と近代資本制国家への始動の過程としての維新のただ中にあったということができる。維新が幕藩制の内部矛盾による必然であったとしても、ペリー以来の外圧、世界資本主義体制への組み込みによって促進され規制されたことは周知のとおりである。そして富蔵は一時期ではあったが、幕府崩壊の終章ともいえる段階で「外圧」の側に身をおいた数少ない日本人のうちのひとりであった。そして明治維新を「外から」みたという点で、とくに元会津藩士でありながら反対の立場に身をおいたという以上に富蔵は特異な存在であったといえるだろう。

富蔵は「薩道懇之進、または愛之助」と自ら名乗り、日本人女性（武田兼）を妻とするほどに日本を理解し愛した英国外交官アーネスト・サトウに「忠実」に従い、サトウをとおして維新に間接的に参加した。当時のイギリス外交政略は産業革命の完成期の自由貿易主義、機械工業によって大量生産された商品の販売市場と原料輸入のための市場拡大を追求したが、それは飽くことの無い自国の「利」の追求原理にもとづくものであった。当時の後進国日本としては外交的地位や貿易の不平等に甘んじなければならず、明治政府は多年にわたって不平等条約改正のため努力を払わねばならなかった。しかし富蔵にとってはそのような外交政略よりも、むしろ政略の基礎としての英国の経済・産業、文明自体に関心があったように思われる。それは幕府や薩摩、長州のように軍事力充実あるいは「藩」の対抗意識から出発したものではなく、一般的な日本人がもつ知的好奇心に根ざしていたようだ。当時来日したアメリカ人宣教師S・R・ブラウンがいうように日本人は「外国から到来した事物に対して好奇心が強く……ここでは知識に対する目覚めと研究心がさかん」であり、富蔵の英語習得、英国留学の動機もこの点にあったと思われる。ただし幕府崩壊直後の時点で新しい国家は個人的動機にどのような留学目標を与えたのだろうか。もともとその動機や経緯はともかく、早くから「藩」を離れて「英国士官サトウ被雇」であった富蔵には封建的な拘束や制約もなく、当時としては数少ない自由人であった。このような個人的環境（サトウの援助を含めて）に加えて、明治国家が「あえて『実用の学』の必要を強調した所以は、国家の富強が、一般人民の才芸の進展にもとづくと認識していた」（前掲『明治維新』）という公的な条件によって富蔵の官費留学は成立した。留学はサトウへの「忠実」から始まり、西郷従道の推挽やサトウをとおしての旧知伊藤博文・鮫島尚信らの支援によって継続できたが、やはり政府の財政事情という公的な条件によって終ることになった。富蔵自身の実力としての絹糸絹織物の研究がどの程度であったかわからないが四年間という留学の歳月はまず充分といえるだろう。

しかし帰国後の経歴をみると、殖産興業に邁進する官僚国家にあって、その専修知識がひろく役立てられたとは思われない。ひとつには全国的にみて数少ない輸入機械と附属する外人技術者による指導が製糸の面で富蔵の知識を必要としなかったのかも知れない。明治初年代民間の資本蓄積も充分ではなく本格的な近代工業化にはまだ多くの年月を要する段階であったからでもあろう。本領はだからむしろ手工業的な西陣織において発揮されたと考えられる。もうひとつはおそらく在英当時から徐々に富蔵の体を蝕んでいた結核である。後半生をおおきく制約し最後には死をもたらすこの病いは、つねに富蔵を不安におとしいれ、気力と活動を阻害していたと思われる。

もともと技術そのものはつねに中立であって政治とは無縁であり、とくにかっての朝敵「元会津藩士」にとっては天皇制官僚の底辺にあって忠実に技術やシステムの改良に励むことが近代国家建設に参与する道であった。しかし富蔵は産業的技術の摂取紹介よりも、むしろその基礎としての語学力において優れたものがあったよ

マンチェスター街
マンチェスターで紡綿場、紡織工場、製鉄場など見学する使節団一行
(『画報日本近代の歴史3』日本近代史研究会編より転載)

うだ。変転する職務の分野にそれをみることができるのだが、他面それは結核と会津藩出身というマイナス条件とともに富蔵の出世を阻むものであったかもしれない。しかしそれはともかく私たちはおぼろげながら、明治初年代「殖産興業」によって上からの近代化・資本主義化を強力に推進しようとする明治国家の中・下級官僚のひとりの歩みを富蔵にみることができるのである。

富蔵の生き方については、儒教による倫理が基本になりながら、藩との関係――現実の世界において観念的ではなく、柔軟な思考力をもっていたのではないだろうか。脱藩という行為に富蔵の自主性、当時としては他の藩士にみられない自由な精神をみることができる。

性格についても詳しいことは分からず、ただサトウの「忠実」「誠実」という評をたよりにするほかないが、彼の行動記事から察すると、たとえばサトウに従って宇和島を訪れた翌朝軍艦に乗り遅れる、命ぜられた絹製造調査に「遅緩」する（病気が原因だったかも知れないが）などののんびりしたところがあったことが窺える。よくいえばマイペースでこの性格の積極的な面のあらわれが藩離脱、英語習得、留学を成り立たせたのかもしれない。もちろん忠実さだけではサトウの信頼を得ることはできず、掛川の宿でサトウの危難を救ったときのように危急に際しての落ち着いた行動――暗やみのなかでとっさに機転のきいた行動をとり、襲撃した人数や提灯の数を数えている――や、旅にあっての適切な支払い、正確な作法などが評価を得たのであろう。

資料がなく想像することすらできないが、富蔵の留学生活態度はどうだったのか。明治三年十二月の「海外留学生規則」のなかに、留学中の心得として、国体を汚すようなことはしないこと、万一怠けたり不行跡なことをすれば直ちに呼び戻して相当のとがめを申し付ける、という項目がある。学資を支給し「学業専一」を望む政府としては、留学生の私生活にまでかなりの神経をとがらせていたのは当然であろう。明治初年の留学が西欧文明の摂取という内的要因と対日政策という外的動向の利害の一致のうえに成立していたとしても、留学は列強のなかでの明治国家の国民的デビューであり、その国家的衿持を彼らに求めたのである。それは明治二年六月佐倉藩の佐藤進が提出した留学生願書に対し、ときの外国官知事伊達宗城が示した次のような覚書にもあらわれている。その部分をみると「帰国の期限を守ること、外国籍に入ることはもちろん他国の宗門に入らないこと、条約を守り誠実に外国人と交際すること」というのである。国家の体面が留学生ひとりひとりに懸かっているのはもちろんだが、信教までの関与はいかに政府がキリスト教をおそれていたかを示している。

それはともかく、富蔵の場合まず帰国命令期限に反し、つぎに「ある種の」イギリス人女性と交際し帰国に際して妻として同行したというのは、政府にとって好もしからざる「不行跡」、国の体面を汚す行為としてうつり「相当のとがめ」を申し付けられても当然であったといわねばならない。もちろんそれについての記録はないが、留学中の外国人女性との恋愛は森鷗外の例もあり、また恋愛のためかどうかは別にして「留学生くずれ」として現地に永住してしまうケースもあったことは事実である。この事件が任官時の地位やのちの昇進に影響したかどうかはわからないが、ここに富蔵の情熱的で思い切った行動に出る性格がうかがわれる。青年時代の「脱藩」と共通するところであろう。

富蔵の法名を「天性則運居士」という。法名＝戒名はその人の生涯の生きざまを表現するものらしい。広辞苑によると「則」は「のり＝法、すなわち、手本」、「運」は「①天命、②天命のめぐりあわせ、めぐってくる吉凶の現象、まわりあわせ。時に、よい方のまわりあわせにいうことが多い。」とあって、「生れつき運にめぐまれた」「天運に身を委ねた生涯」というぐらいの意味だろうか。出身の会津藩は戊辰戦争で賊軍とされ敗戦ののち藩士たちは荒蕪の地斗南で辛酸をなめる。その辛苦の外にあって、当時としては稀な英国留学を経験できたという点だけでも、ふさわしい法名といえるかも知れない。

事実、サトウの支援・援助だけでなく、その生涯のときどきに人の支えと幸運があった。西郷従道との出会いから国費留学生へ。木戸孝允や鮫島尚信、遠藤謹助、吉田清成などのち明治国家の高級官僚の知遇を得たのは既に幕末サトウに従っていた時期であり、その関係が留学や官僚生活に大きくプラスしたに違いない。

私的なことを二、三つけ加えておく。

神戸市中央区にある亡母國米恵美の戸籍謄本によると、「野口くら　富蔵妻　安政二年十一月十一日生　大正十四年三月九日神戸市兵庫区大開通三丁目一の二〇番屋敷にて死去　東京府青山穏門内小原権三郎長女　明治元年入籍」となっている。これでみると結婚した明治元年は年令十四歳、そして満七十歳で死去したことになる。叔母たちの記憶でははじめに述べたとおり享年七十二歳で、ここでも二歳の開きがある。十四歳で結婚・入籍というのは当時としてはあり得ないことではないが、富蔵とは十四歳の差があり、また留学前のあわただしい時期に入籍せねばならない理由が見当らない。戸籍編成のときに、富蔵にあわせて二歳若くしたものだろうか。

なお向田静子の話によると、曾祖母くらも祖母うたもキリスト教を信仰して熊内教会に属し、その後大開通へ転居のためくらの葬儀は兵庫バプテスト教会の牧師によって行なわれている。野口うたの受浸（洗）は明治三十九年六月、成美との結婚間もない二十一才のときであり、またサトウが長年の日本勤務を終えて帰国した年でもあった。サトウが富蔵の「恩給」を神戸のある牧師に託したのはこの熊内教会の牧師を指すのだろうか。それが誰であったのかは資料がないが、現在キリスト教を信仰する野口家子孫の信仰ルーツはサトウがそのキッカケをつくった可能性もある。くらの考えだろうか神戸に菩提寺もなく、当時であれば当然墓碑に戒名が刻まれるはずだがそれもなく、死亡年月日のほかは簡潔に「野口富蔵之墓」とあるだけである。

あとがき

人にはそれぞれの歴史がある。しかしその歴史が社会に強力な影響力を持たない限り、個人の歩みは余りにも矮小であって、大きな歴史のなかに呑み込まれ埋没して明らかにされることはない。しかも多くの庶民の場合、記録を残すことは少なく、またその必要もないだろう。こうして私たちは父母や兄弟のことですら、曖昧なうちにやがて忘却してしまうことになる。

比較的短命であった曾祖父野口富蔵の場合も同じであって、あるのは近い子孫による断片的な記憶だけという状態だった。もともと人間を近親の立場からみようとすれば一面的にならざるをえず、さらにその記憶はある程度美化されている危険性があり、多面的に捉えようとすれば客観的な記録や資料を必要とする。その点、富蔵については幕末のイギリス外交官アーネスト・サトウの記述やその他の資料のなかにその断片があり、また明治の一時期の本人の履歴書の発見によって、その軌跡をほぼ明らかにすることができるようになった。ただ本人の思想や感情をうかがわせるような資料はいまのところあまりにも少なく、その人生に細やかな陰影を見いだすことはたいへん難しい。

すべての個人の歩みはその生きた時代の流れのなかにあり、とくに富蔵は激流のような明治維新と近代国家への出発を背景としてその人生に大きな影響を受けた。本稿はだから一庶民としての富蔵個人とその時代の関わりをみてきたわけだが、学術論文ではないので子孫としての勝手な想像や一面的な思い入れがあることをお許しいただきたい。

維新によって近代西欧世界へ投げ込まれた封建武士のカルチャーショックは目を見張るものだったと想像する。しかし富蔵にはサトウという媒体・時間的緩衝材があった。だから富蔵に当時の海外留学生の普遍的姿を求めることはできないだろう。

いま海外留学を志望する学生数は年々減少しているといわれる。知識・情報の蒐集や伝達は多種類の印刷物、電波媒体、とくにインターネットなどによって瞬時に可能となり、また日本自体が先進国として留学対象のひとつになっているからであろう。戦後、わが国の科学技術分野におけるノーベル賞受賞者は世界に伍してゆくほどに増えたが、その多くは海外留学を経験している。グローバル時代の頭脳は国家、民族、人種、言葉を超えて普遍的な成果をもたらす。留学は直接にその優れた頭脳に接する機会であり、その思考力を育んだ環境に接する機会である。八十翁がいうのは烏滸がましいかもしれないが、要は好奇心であり、探究心であり、そして最も重要なのは情熱であろう。明治初期における海外留学への動機は、新国家建設を目的にということであったが、その出発点はやはり未知への好奇心だったと思う。そして情熱がその研究を支え、新しい思考・

創造の発見につながったのであろう。世界は狭く、海外への途は開かれている。
ところで本著が成り立つためには、維新以前はサトウの『外交官』の記述とその上で明治二年英国留学以降の資料による全体像が必要だった。京都府総合資料館での履歴書発掘こそ出発点となったが、その他関係文書、記録資料も補強材料として必要だった。その点、英国ロッジデールの一署名から熱意をもって探究をつづけられた松崎文夫氏、兵庫県で資料閲覧を拒まれながらも調査メモを残され、履歴書の存在をお教えいただいた平松泰典氏、幾つかの関係文書と資料をご教示いただいた市居浩一氏と友人の吉永武弘氏、イザベラ・バードの著作のなかに富蔵の名を発見された元京都大学大学院教授金坂清則氏、以上の先学諸氏の研究からの引用には紙上をかりて厚くお礼申し上げるとともに、富蔵研究の口火をきられた会津史談会の故宮崎十三八氏、武藤清一氏、各氏を紹介していただいた従兄尾崎陽一郎氏、この度改訂執筆の機会を与えてくださった歴史春秋社社長阿部隆一氏、編集にお世話いただいた植村圭子氏に心からの感謝を捧げる。

平成二十五年　五月

國　米　重　行

《参考資料・文献》

・『野口家由来』本文中しばしば引用したがこの表題の本があるのではない。参考にしたのは「野口家譜」（昭和四十三年）で、富蔵の兄成元の二男丑彦氏の女婿である伊藤政文氏の編著である。そしてこの「家譜」の基本資料になったのが成元五男野口邨彦氏による「野口家親族便覧」（昭和十六年）であって、これには系図・由来・成元梅子夫妻の事績が述べられ、このうち富蔵に関する記事があるのは主に「由来」である。神戸の野口家に戦前送られてきたが、昭和二十年三月戦災で焼失した。尾崎陽一郎氏所蔵。

・『野口富蔵履歴書』（京都府立総合資料館収蔵）

・『一外交官の見た明治維新』（アーネスト・サトウ著、坂田精一訳「岩波文庫」上下・昭和三十五年初版）

・『遠い崖―サトウ日記抄』（萩原延壽・朝日文庫十四巻・平成二十年）

・『イギリスの中の会津』（武藤清一「福島春秋」第五号）

・「野口富蔵の生涯」（宮崎十三八「会津史談」五〇号・昭和五十二年）、「その後の野口富蔵」（宮崎十三八「会津会会報」九四号・昭和六十三年）以上二点は宮崎氏著『会津人の書く戊辰戦争』（恒文社・一九九三年）に収録されている。

・『ロッチデールを訪れた二人のサムライ』（松崎文夫・全国農協中央会協同組合図書資料センター・一九九〇年）古桑実氏論文含む。

・「ロッチデールを訪れた元会津藩士」（平松泰典・『協同組合あんな話こんな話』兵庫県生活協同組合連合会編所収）
・「アーネスト・サトウの私的秘書　会津人野口富蔵の生涯」（市居浩一・『霊山歴史館紀要第十二号』・霊山顕彰会・平成十一年）
・『英国外交官の見た幕末維新』（A・B・ミットフォード、新人物往来社）
・『アーネスト・サトウ公使日記・1』（新人物往来社）
・『航西日乗』（成島柳北・「明治文化全集・第12巻・外国文化編」・明治文化研究会編昭和三年・日本評論社）
・『木戸孝允日記　二』（日本史籍協会編・昭和四十二年復刻版・東京大学出版会発行）
・『高崎正風先生伝記』（北里闌・私家本・昭和三十四年）
・『西洋事情』（福沢諭吉「日本の名著」33所収・中央公論社）
・『西陣歴史年表』
・『明治維新』（遠山茂樹・岩波全書）
・『岩波講座日本歴史14近代1』
・『日本の歴史20明治維新』『同21近代国家の出発』『同別巻5年表・地図』（中央公論社）
・『明治維新の舞台裏』（石井孝・岩波新書）
・『維新と科学』（武田楠雄・岩波新書）
・『戊辰戦争』（佐々木克・中公新書）

・『奥羽越列藩同盟』（星亮一・中公新書）
・『特命全権大使米欧回覧実記一〜五』（久米邦武編、田中彰校注・岩波文庫）
・『「脱亜」の明治維新』（田中彰・NHKブックス）
・『近代日本の海外留学史』（石附実・ミネルヴァ書房・昭和四十七年）
・『近代日本海外留学生史』（渡辺實・講談社・昭和五十二年）
・『幕末・明治海外渡航者総覧』（柏書房・一九九二年）
・『日本の近代1　開国・維新』（松本健一・中央公論社・一九九八年）
・『イザベラ・バードの日本紀行　上・下』（イザベラ・バード、講談社・二〇〇八年）
・『明治天皇』（ドナルド・キーン・新潮文庫・二〇〇一年）
・『体系日本史叢書12産業史Ⅲ』（古島敏雄・山川出版社）
・『神戸税関百年史』（神戸税関編）
・『兵庫県の歴史』（山川出版社・昭和四十四年）
・『神戸商工会議所百年史』（神戸商工会議所）
・『翔ぶが如く』（司馬遼太郎・文春文庫）
・文献ではないが平松泰典氏によるメモおよび氏から宮崎十三八氏への手紙を参照させていただいた。

野口富蔵・関連年表

西暦	年号	富蔵及び関係事項	関連事項
一八四一	天保一二	会津藩士野口九郎大夫成義の二男として会津天寧町で出生。幼名彦二郎、名は成光。	
一八四三	一四	アーネスト・サトウ、ロンドンで出生。	
一八五一	嘉永 四	富蔵、藩校日新館に就学（?）。	この年、会津藩、砲術修業を奨励する。中浜万次郎帰国。
一八五二	五		（六月）ペリー来航。（七月・一二月）ロシア使節プチャーチン来航。
一八五五	安政 二		日米和親条約本書を批准交換。老中阿部正弘、洋学所を設立。
一八五六	三		武田斐三郎、箱館奉行支配諸術調書教授に就任、英仏学を教授。
一八五八	五	（六月）父成義死去。	大老井伊直弼、勅許を得ず、米・英・露・仏と修好通商条約に調印。
一八五九	六	富蔵、箱館に赴く。	（五月）神奈川・長崎・箱館開港。（九

西暦	年号	富蔵及び関係事項	関連事項
一八六〇	万延　元		月）会津藩などに蝦夷地を分与、会津藩は箱館に分営をおく。安政の大獄。遣米使節新見正興ら条約本書交換のため渡米。大老井伊直弼暗殺される。フルベッキ・ブラウン・リンギスなど米国宣教師による英語教授がさかんとなる。
一八六一	文久　元		（一二月）竹内保徳ら遣欧使節派遣。
一八六二	二	（九月）サトウ、英国外務省通訳生として来日。（一一月）ハワード・ヴァイス横浜領事から箱館領事に左遷される。	この年、幕府初の海外留学生をオランダに派遣。（八月）生麦事件。松平容保、京都守護職に就任。（一二月）将軍家茂、攘夷を奉答。品川のイギリス公使館焼き討ち。
一八六三	三	この頃、富蔵、ヴァイスにつき英語習得をはじめる。	（五月）長州の伊藤博文ら英国留学のため出発。（七月）薩英戦争。（一二月）外国奉行池田長発ら遣欧使節として出発。

西暦	年号	富蔵及び関係事項	関連事項
一八六四	元治　元		（八月）四カ国連合艦隊、下関を砲撃、ついで講和条約を結ぶ。
一八六五	慶応　元	（秋）富蔵、横浜にてサトウと同居し、英語を学ぶ。	英国公使パークス着任。薩摩藩、新納刑部ら英国留学のため出発。（九月）英・米・仏・蘭四国公使連合艦隊を率いて兵庫へ。条約勅許を要求。
一八六六	慶応　二	（四月）サトウ、領事館付通訳官に昇進。ジャパン・タイムスに英国策論を発表。（一一月）江戸公使館付通訳官に転任。	福沢諭吉、「西洋事情」初編刊行。イタリアほか二国と修好通商条約を結ぶ（八月）海外留学・渡航の自由化宣言。（一二月）徳川慶喜、将軍となる。
一八六七	三	（一月）富蔵、サトウに同行、長崎・宇和島訪問。（二月）サトウ、大坂で富蔵を介して会津藩京都家老梶原平馬らと会食。サトウの命令で大坂薩摩藩屋敷に家老小松帯刀を訪問し来訪を促す。（三月）サトウに従い熱海箱根旅行。（五月）サトウに従い大坂から江戸へ東海	（一月）パリ博へ徳川昭武を将軍名代として派遣、留学生同行。（六月）長崎浦上のキリスト教徒六八人を捕縛。（九月）薩長出兵盟約なる。（一〇月）倒幕密勅くだる。慶喜、大政奉還を建白。（一二月）王政復古の大号令でる。将軍慶喜の辞官納地をきめる。慶喜、二条城をでて大坂城にうつる。仏・英・

西暦	年号	富蔵及び関係事項	関連事項
一八六八	明治元	道を旅する。掛川で例幣使一行に襲われる。（八月）富蔵、サトウに従い阿波訪問。さらに七尾を経て陸路大坂へサトウらに同行。（九月）富蔵、サトウに従い土佐訪問。長崎で長州の遠藤謹助に会う。 （一月）サトウ、日本語書記官に昇進。サトウ、会津藩士広沢・三波と江戸で会い政治論議。（五月）富蔵弟留三郎、彰義隊に加わり上野で戦死。年末頃、富蔵兄成元、謹慎所を脱走、東京英国公使館にあって会津救済活動にあたる。この年富蔵、くらと結婚、入籍。	米・伊・普各公使と会見。 一二・七（陽暦明治元年一月一日）兵庫開港。 （一月）鳥羽・伏見の戦い（戊辰戦争起こる）。慶喜、大坂城退去、軍艦で江戸へ。神戸事件。英国など六ヵ国公使局外中立を宣言。（二月）堺事件。パークス遭難、（三月）パークス天皇に謁見。松平容保、江戸に二〇名の藩士を残して帰郷。（四月）官軍、江戸入城。長崎の各国領事、キリスト教弾圧に抗議。（五月）奥羽越列藩同盟なる。（七月）江戸を東京に改称。（八月）榎本武揚、艦船で品川沖から脱走。（九月）

西暦	年号	富蔵及び関係事項	関連事項
一八六九	明治　二	(二月) 一二日 (旧暦一月二日) サトウの新年の宴に、富蔵と妻くら連なる。二四日サトウと富蔵、英国へ向け横浜を出発。(渡航免状は旧暦一月二二日付け) 約二カ月後ロンドン着。	明治と改元。会津鶴ヶ城落城。(一二月) 各国、局外中立を解く。(三月) 西郷従道、山県有朋、兵制視察のため欧州へ出発。(五月) 榎本武揚五稜郭で降伏、戊辰戦争終結。(六月) 薩長土肥ら諸藩主の藩籍奉還を許し、知藩事に任命。以後奉還相次ぐ。(一二月) 東京・横浜間に電信開通。
一八七〇	三	富蔵、欧州視察中の西郷従道と会う。(一一月) 官費留学生となる。この年、サトウ再来日、公使館二等書記官。	(四月) 薩摩藩、堺紡績所を開業。(五月) 会津藩、斗南へ移封。(六月) 大阪造兵司設置。(八月) 西郷ら帰国。(一〇月) 兵制統一。工部省設置。(一二月) 海外留学生規則発布。
一八七一	四	(三月) 富蔵、ロンドンで土佐の林有造の宿舎を訪問。	(七月) 廃藩置県。大学を廃し、文部省をおく。大蔵省、留学生整理を進言 (一一月) 岩倉具視ら米欧使節団、横浜出発。
一八七二	五	(八月) 一日、富蔵、岩倉大使よ	(二月) 井上大蔵大輔、再び留学生整

西暦	年号	富蔵及び関係事項	関連事項
		り絹製造取調を命じられる。二七日、使節団ロンドン発、リバプール・マンチェスター・グラスゴーなどを視察。一〇月九日帰着。富蔵、使節団の案内・通訳か。（一〇月）一四日、富蔵と松井周助、ロッチデールの公正先駆者組合訪問。	理を進言。（四月）京都府、新英学校など開設。（七月）一四日、岩倉使節団、ロンドン着。二一日、在欧公使らと留学生問題を協議。（八月）文部省、新学制布告。（九月）文部省、留学生整理を命令。（一〇月）官営富岡製糸場開業。（一二月）三日、太陽暦を実施、この日を明治六年一月一日とする。この年、西陣、技術者をフランスに派遣。
一八七三	明治　六	（一月）富蔵、絹製造取調のため、リヨン・イタリアへ出張を命じられる。（三月）二六日、大蔵省一三等出仕心得。イタリアに派遣される。（五月）ウィーン万博見学か（?）。（七月）一〇日、富蔵、ロンドン発、ニューヨークを経て帰国の途につく。九月五日横浜着。	（五月）太政官官制改正、内閣制度をとる。大久保全権副使、帰国。（六月）使節団、ローマ訪問。ウィーン万博視察。（七月）木戸全権副使、帰国。（九月）岩倉全権大使一行、帰国。（一〇月）西郷隆盛ら征韓論をめぐって下野。（一一月）内務省設置。大久保、内務卿就任。（一二月）西陣、ジャガード、バッタン機を購入。伝習生、帰国。

西暦	年号	富蔵及び関係事項	関連事項
一八七四	明治 七	（一月）二八日、富蔵、内務省勧業寮一三等出仕。三月九日、内務省出仕を免ぜられる。（九月）九日、陸軍省第三局分課一一等出仕。	（一月）板垣退助ら愛国公党設立。（二月）佐賀の乱。（四月）土佐立志社発会。（五月）台湾征討。大阪・神戸間鉄道開通。（八月）伊藤博文、内務卿就任。一一月辞任。
一八七五	八	（五月）二四日、富蔵、兵器取纏めのため北海道渡島国出張。（一一月）二七日、クルップ砲試験のため千葉県下津原出張。	（一月）大久保・木戸・板垣、大阪会議。（二月）大阪で愛国社結成。（三月）地租改正事務局設置。（六月）第一回地方官会議。
一八七六	九	（二月）九日、富蔵、大阪砲兵支廠附に転勤。一五日長女ふき誕生。（五月）二二日工部省へ出頭命じられる。（六月）五日工部省電信寮訳文科一〇等出仕。（一〇月）五日、工部省電信寮建築科出仕。この年、京都府へ欧州織物・生糸等見本献上。	（四月一九日～一〇月一九日）フィラデルフィア万博。（一〇月）熊本神風連の乱。萩の乱。思案橋事件。
一八七七	一〇	（一月）一二日、工部省電信局五	（一月）地租軽減の詔発布。（二月）京都・

西暦	年号	富蔵及び関係事項	関連事項
		等属。（八月）二〇日、京都府勧業課五等属拝命。（九月）三〇日、長男成美誕生。 この年、東京府より葡萄酒四〇〇瓶、日本綿一六五反下賜。	大阪間鉄道開業。西南戦争起こる。九月終結。（八月）土佐の林有造ら挙兵発覚、逮捕。二一日〜第一回内国博覧会を東京で開催。この年電話機、初輸入。この年、西陣、織物会所設立、日本最初のジャガード機製作、バッタン使用、織工場を織殿（官営）と改称しジャガード機技術を教授。
一八七八	明治一一	（五月）二七日、富蔵、大阪造幣局へ出張、英国議官リード氏を案内・通訳。（秋）イザベラ・バード京都案内。（一二月）一日、サトウ、京都訪問、富蔵と料亭「池亀」で「豪遊」。	（四月）第二回地方官会議。政府、英国より紡績機械を輸入。（五月）殖産興業を目的とした起業公債発行条令を制定。大久保利通暗殺さる。
一八七九	一二	この年、富蔵、米元大統領グラント氏接待。	
一八八〇	一三	（三月）一八日、富蔵、綿糖共進会賞牌授与式に出席。（九月）	（三月）愛知県、広島県に紡績所を設置決定。英国よりミュール機導入。

西暦	年号	富蔵及び関係事項	関連事項
		一一日、富蔵、喀血。（一〇月）一六日、京都府退職。	
一八八一	明治一四	（三月）二六日、兵庫県に奉職、御用掛准判任。月給三〇円。（一一月）二四日、兵庫県御用掛五等属。	（二月～五月）大阪で綿糖共進会。（五月）府県に農事会・共進会の開設を奨励。
一八八二	一五	（一月）次男豊成誕生。（二月）兵庫県外事掛五等属。	
一八八三	一六	（四月）一一日、富蔵、神戸で死去。この年（三月？）サトウ、賜暇休暇で英国に帰国。	
一八八四	一七	サトウ、シャム総領事。（九月）一四日、サトウ、休暇をとり日本訪問、神戸に住む野口くらとその子供たちに会う。	
一八九五	二八	（七月）サトウ、日本駐在公使に就任。	
一八九六	二九	（四月）野口くらと子供たち、神	

西暦	年号	富蔵及び関係事項	関連事項
一九〇〇	明治三三	戸来訪のサトウを訪問。（二月）成美、サトウを訪問、毎月の学費貸与を約束される。	
一九〇六	三九	（五月）サトウ、駐清公使を退任、帰国の途中、神戸に立ち寄り、知人の牧師に会い、くらの恩給二年分を託する。	
一九二九	昭和　四	サトウ、ロンドンで死去。	

☆表中の関連事項は中央公論社「日本の歴史・年表」・「西陣年表」・その他を参考にした。ただし明治五年までは旧暦で表示されているが、富蔵関係事項は一部西暦で表示した。

■著者略歴

國米　重行（こくまい・しげゆき）

一九三二年（昭和七年）生まれ。岡山大学法文学部法学科卒業。定年まで広告代理店㈱大広（現博報堂ＤＹホールディングス）に勤務。野口富蔵の曾孫。

住所：〒六六四―〇八四五
伊丹市東有岡一―十八―七
コープ野村Ａ一〇四

幕末英国外交官
アーネスト・サトウの秘書
野口富蔵伝

発　行／二〇一三年六月十五日
著　者／國　米　重　行
発行者／阿　部　隆　一
発行所／歴史春秋出版株式会社
〒九六五―〇八四二
福島県会津若松市門田町中野
☎〇二四二（二六）六五六七
印　刷／北日本印刷株式会社
製　本／大宮製本株式会社